JONAS KRATZENBERG

MIT FRED SELLIN

SCHÜTZENHILFE

JONAS KRATZENBERG

MIT FRED SELLIN

SCHÜTZENHILFE

Für die Ukraine im Krieg –
ein deutscher Soldat berichtet von der Front

YES

Originalausgabe
1. Auflage 2023

Türkenstraße 89, 80799 München
info@yes-publishing.de

Redaktion: Dr. Peter Schäfer
Umschlaggestaltung: Ivan Kurylenko (hortasar covers)
Umschlagabbildung: Taras Fedorenko
Druck: GGP Media GmbH, Pößneck
Printed in Germany

ISBN Print 978-3-96905-244-0
ISBN E-Book (EPUB, Mobi) 978-3-96905-245-7
ISBN E-Book (PDF) 978-3-96905-246-4

Meinen Eltern,
meiner Schwester
und Liza

INHALT

Dies ist meine Geschichte. Die geschilderten Ereignisse beruhen auf wahren Begebenheiten, wie ich sie erlebte. Aus persönlichkeitsrechtlichen Gründen und um ihre Identität zu schützen, habe ich die Namen und Kampfnamen der Kameraden, an deren Seite ich kämpfte, und die anderer Personen – mit wenigen Ausnahmen – anonymisiert. Doch bei allen handelt es sich um reale Personen.

BELARUS
POLEN
Owrutsch
Luzk
Riwne
Butscha
Irpin
Schytomyr
Kiew
Korczowa/Krakowez
Jaworiw
Lwiw
Berdytschiw
Bila Zerkw
Ternopil
Chmelnyzkyj
Winnyzja
Iwano-Frankiwsk
Kamjanez-Podilskyj
Uman
Czernowitz
MOLDOVA
RUMÄNIEN
Ode

RUSSLAND
UKRAINE
Schostka
hernihiw
Konotop
Nischyn
Sumy
Charkiw
Poltawa
scherkassy
Krementschuk
Tetjaniwka
Sjewjerodonezk
Kramatorsk
Bachmut
Konstjantyniwka
Luhansk
Pawlohrad
Dnipro
Kirowohrad
Krywyj Rih
Donezk
Saporischschja
Nikopol
Murachiwka
kolajiw
Ljubomyriwka
Maksymivka
Ternovi Pody
Cherson
Mariupol
Melitopol
Berdjansk
Asowsches Meer
chwarzes
eer
Kertsch
Eupatoria
Feodossija
Simferopol
Sewastopol
Jalta

»DRONE!!!«

MYKOLAJIW/TERNOVI PODY, NOVEMBER 2022

Es war kurz vor Mittag. Blauer Himmel, die Sonne schien, achtzehn Grad, ungewöhnlich warm für November. Wir verließen den Stützpunkt, der sich am östlichen Rand der Stadt Mykolajiw befand, auf einem mit brüchigem Asphalt bedeckten Areal, auf dem ein paar alte Industriehallen standen, eine Werkstatt und einer dieser typischen trostlosen Betonblocks aus Sowjetzeiten. Graue Mauern, vier Stockwerke, die Fensterscheiben blind vor Schmutz oder gar nicht mehr vorhanden.

Zuvor hatten wir die Humvees startklar gemacht. Für die heutige Mission wurden zwei von diesen gepanzerten Geländefahrzeugen eingesetzt, also auch zwei Besatzungen – Shuriks Truppe und meine, insgesamt zehn Mann, in jedem Fahrzeug fünf. Shurik und ich waren als Richtschützen eingeteilt. Wir luden mit unseren Teams Raketen und Munition ein, montierten jeder ein Maschinengewehr in den Turm, M2-Brownings, und prüften ihre Funktion. Und wir verstauten jeweils einen Panzerabwehr-Granatwerfer. Shurik einen AT4, Kaliber 84 mm, das Modell kennt er aus der U.S. Army. Shurik ist Amerikaner, Ende dreißig, er kommt aus Kalifornien, ein Typ wie Nicolas Cage in *Lord of War*. Ich nahm eine Panzerfaust 3, Kaliber 110 mm, wie sie bei der Bundeswehr verwendet wird.

Danach blieb noch Zeit für einen kurzen Einkauf im benachbarten ATB-Markt: Plunderstücke, Chips und Pepsi, unsere übliche Ration für eine Mission, die nur auf wenige Stunden angelegt ist. Ein friedlicher Moment im Krieg.

Dann rollten wir los. Der Humvee mit Shurik fuhr voran. Wir passierten den Checkpoint, bogen nach links auf die Cherson-Chaussee, die in östlicher Richtung zur M14 führt, einer autobahnähnlichen Fernstraße. Die M14 verläuft mehr oder weniger parallel zum Schwarzen Meer, von Odessa über Mykolajiw, Cherson und Mariupol bis hinüber zur Grenze nach Russland.

Wir ließen das Stadtgebiet hinter uns und wichen nach etwa zwanzig Minuten auf kleinere, staubige Straßen aus. Rundherum erstreckten sich Felder, so weit das Auge reichte. Die Landschaft platt wie eine Flunder. Ab und zu ragten am Wegrand Bäume in die Höhe, wie Riesen nebeneinander aufgereiht. Oder sie standen in kleinen Gruppen, als würden sie ein Pläuschchen halten. Oder in einer Kombination aus niedrigeren Bäumen, Büschen und Sträuchern, die bei der militärischen Geländetaufe als Kusselgruppe bezeichnet werden.

In der Ferne tauchten Silhouetten kleiner Ortschaften auf. Mal einzelne Häuser, ein Dutzend vielleicht, mal doppelt so viele oder noch mehr, fast immer um eine Kirche gruppiert, deren Turm die anderen Gebäude überragte. Manche der Kuppeldächer glänzten im Sonnenlicht, sodass sie von Weitem wie große leuchtende Punkte erschienen.

Auf eine dieser Ortschaften steuerten wir zu: Ternovi Pody. Bis dorthin war es noch ein Stück. Wir waren nicht zum ersten Mal in dieser Gegend. Jeder von uns kannte die Route, wusste, dass wir direkt auf die Front zufuhren, auf die russischen Linien nördlich von Cherson. Seit Anfang September lief eine groß angelegte Gegenoffensive der ukrainischen Armee, um die seit Monaten von russischen Einheiten besetzte Hafenstadt am Dnepr-Delta zurückzuerobern. Unser Trupp war ein Teil davon, ein kleines Rädchen. Zuletzt hatten wir die Nachricht erhalten, der Feind weiche zurück, Cherson stehe kurz vor der Befreiung.

Ternovi Pody ist ein winziges Dorf mit klapprigen Häusern aus Stein und Holz, meist weiß oder blau bemalt, die Farben verwittert. Geschätzt 150 Einwohner, von denen die meisten geflüchtet sein dürften, als der Krieg dorthin kam. Die Russen hatten sich im Dorf und in dem Gebiet rundherum festgesetzt. Mit zwei anderen Dörfern sollten es, falls unsere Informationen stimmten, ihre letzten Stellungen in der Oblast Mikolajiw sein. Obwohl wir es seit Wochen immer wieder versucht hatten, war es uns nicht gelungen, sie davonzujagen. Kurz hinter Ternovi Pody beginnt die Oblast Cherson. Bis in die Stadt selbst sind es Luftlinie ungefähr dreißig Kilometer.

Während der Fahrt beherrschten mich zwiespältige Gefühle. Einerseits war ich motiviert und guter Hoffnung, dass der Einsatz ein Erfolg würde. Je näher wir dem Ziel kamen, desto mehr spürte ich, wie mein Adrenalinpegel stieg. Vielleicht würde es mir wenigstens gelingen, einen ihrer verfluchten Panzer außer Gefecht zu setzen.

Andererseits drängten sich Gedanken an vorherige Missionen auf, die nicht so gut gelaufen waren beziehungsweise richtig mies wie die Sache mit Kilo. Das war auch vor den Toren Ternovi Podys passiert, Anfang Oktober. Kilo heißt – hieß – mit richtigem Namen Paul. Er stammte aus Houston, Texas, und war im August zum Kämpfen in die Ukraine gekommen. Kilo war sein Kampfname. Den hatte er schon benutzt, als er bei der U. S. Army diente. Zwölf Jahre Infanterie, mit Kriegseinsatz als Fallschirmjäger im Irak. Er hatte also eine Menge Erfahrung, weit mehr als ich, und trotzdem hatte es ihn erwischt. Im Schützengraben, durch Panzerbeschuss. Oder durch eine Mörsergranate, es kursierten verschiedene Versionen. Nach der offiziellen von den ukrainischen Behörden wurde die Stellung, die er zuvor mit seinem Team den Russen bei einer Sturm-und-Einbruch-Aktion abgetrotzt hatte, von einem Panzer beschossen, einem T-90M. Das ist der modernste, über den die russischen Truppen zurzeit verfügen.

Am Ende ist es egal, ob modern oder nicht, Panzer oder Mörser. Krieg ist ein beschissenes Würfelspiel, entweder du hast Glück oder eben nicht – selbst wenn du glaubst, alles richtig zu machen.

Ich war an dem Tag auch mit draußen, wie heute als Richtschütze auf einem Humvee. Die Russen machten uns mit Artillerie und automatischen Granatwerfern die Hölle heiß. Es war eines der heftigsten Gefechte, die ich je erlebte. Zu allem Überfluss hatte ich meinen Helm vergessen. Ein Wahnsinn, ich weiß bis heute nicht, wie das passieren konnte. Trotzdem kam ich heil raus, Kilo nicht. Zwei Tage später wäre er 35 geworden.

Ich male mir immer das Schlimmste aus, bevor es losgeht. Nicht, dass ich es darauf anlegen würde, die Gedanken springen mich an wie ein wildes Tier und beißen sich fest – die Zweifel, die Angst. Oh ja, ich habe Schiss, jedes einzelne Mal. Was, wenn wir auf eine Mine fahren? Oder von einem Panzer getroffen werden? Und das sind nur zwei von vielen denkbaren Horrorszenarien. Dann ist es aus, dann bist du nicht mehr der Protagonist deiner eigenen Geschichte. Und es spielt keine Rolle, ob du auf der richtigen Seite stehst, den guten, den gerechten Kampf kämpfst. Alle Rechtfertigungen dafür, dass man Menschen tötet, alle hohen moralischen Ansätze – für die Katz.

Aber gleichzeitig hoffe ich, dass nichts davon passiert, dass ich am Ende die bessere Geschichte zu erzählen habe, der Jäger bin, der das größte Geweih nach Hause bringt.

Ein letzter Halt vor der Front. An einer Baumgruppe, die uns Deckung bot. Es waren Laubbäume mit buntem Herbstlaub, auf mehr achtete ich nicht. Anderes war wichtiger, man ist in dieser Phase ein bisschen wie im Tunnel. Und auch fokussiert darauf, die Angst im Zaum zu halten, das erhöht die Konzentration.

An der Baumgruppe wartete die Besatzung eines Kampfpanzers T-80 auf uns. Sie sollte uns bei dem Angriff flankieren. Der T-80 war von den Russen erbeutet worden. Er sah etwas seltsam aus, was an der Reaktivpanzerung lag, die ihn widerstandsfähiger machte gegen Beschuss durch Granatwerfer und Panzerfäuste. Die zusätzliche

Vor dem Gefecht.

Panzerung bestand aus dicht nebeneinander angeordneten Stahlkacheln, die ähnlich einem Sandwich jeweils eine Schicht Sprengstoff umschlossen. Wird eine solche Kachel von einer Granate getroffen, explodiert die Sprengladung darin, die obere Metallplatte schleudert dem Geschoss entgegen und mindert so dessen Durchschlagskraft, kompensiert sie im besten Fall. Nach dem Prinzip Stoß–Gegenstoß. Also nicht die schlechteste Erfindung.

Wir redeten mit der Panzerbesatzung. Hauptsächlich die Ukrainer aus unseren Teams sprachen, Shurik, Itamar und ich weniger. Itamar war Shuriks Assistenz – Israeli, Ende fünfzig. Ihn kannte ich seit meiner Anfangszeit in der Ukraine. Shurik war später zu uns gestoßen, dazu komme ich noch. Die Sprachkenntnisse von uns dreien waren besser geworden, trotzdem hätte ich sie noch immer als rudimentär bezeichnet. Es wurden Snacks herumgereicht, und wir ließen uns die Cola schmecken. Man hätte denken können, diese Männerrunde hier unter den Bäumen sei zu einer gemütlichen Wanderung oder einem harmlosen Geländespiel verabredet gewesen. Doch die Zeit tickte. Wir erwarteten jeden Moment den Befehl zum Angriff.

Ich war angespannt. Die Gedanken von vorhin rumorten in meinem Kopf. Vielleicht sollte das meine letzte Mission sein. Diesmal wirklich. Überlegt hatte ich das schon öfter. Man sollte sein Glück nicht überstrapazieren, und bisher hatte ich verdammt viel Glück gehabt. Doch irgendwie fühlte es sich nie richtig an aufzuhören. Als hätte ich dann die Kameraden im Stich gelassen – Shurik und Itamar und Zagg und Potemkin und Cooper und all die anderen, von denen ich noch erzählen werde. Es gab Tage, da hatte ich die Schnauze gestrichen voll und mehr als das, wollte nur noch weg. Doch danach kam immer recht schnell der Moment, wo ich mir sagte: Bleib noch, dieses Land und seine Menschen, sie können jeden gebrauchen, der für ihre Freiheit kämpft.

Schlechte Erinnerungen verblassen leichter als gute, jedenfalls scheint das bei mir so zu sein. Ursprünglich wollte ich im Sommer wieder nach Deutschland zurück, um mich für einen Medizinertest anzumelden und mich auf ihn vorzubereiten. Der Test wäre im Oktober gewesen. Tja, so ist das mit Plänen, meistens funkt das Leben dazwischen. Wobei, hier dürfte es wohl eher der Tod sein.

Noch so eine Sache: Du gehst in den Krieg und denkst, du weißt, worauf du dich einlässt und wie es ausgehen kann. Dass es die Hölle ist und, wenn es schlecht läuft, am Ende nicht mehr als eine schäbige Holzkiste auf dich wartet. Nur: Dass man das weiß, bedeutet nicht automatisch, dass man auch kapiert, wie real die Gefahr ist. Ich meine, wirklich kapiert. Der Tod ist reinste Fantasie, bis man ihn erlebt. Und selbst dann bleibt er surreal, solange es jemanden trifft, der einem nicht wirklich nahestand. Oder eben den Feind, den man wie eine Art Zielscheibe auf der anderen Seite betrachtet, die man besser umnietet, um nicht selbst umgenietet zu werden. Fast wie in einem Videospiel, fast.

Dieses Thema trieb mich um, seit ich den Entschluss gefasst hatte, für die Ukraine in den Krieg zu ziehen. Ich schätze, es war kein Tag verstrichen, an dem der Gedanke an den Tod, ans Sterben, nicht durch meinen Kopf spukte, mal mehr, mal weniger bewusst. Nur dass der Tod am Anfang, als ich dorthin kam – und selbst noch die ersten Monate –, ein Abstraktum für mich war. Das hatte sich geändert. Die Angst davor hatte sich geändert. Hatte mich verändert. Als wäre ich in der Schlange beim Sensenmann ein weites Stück nach vorn gerückt. Als hätte ich mich geradezu vordrängeln wollen.

Auch Shurik marschierte nicht sorgenfrei durch die Tage, obwohl er das gut verbergen konnte. Oft wirkte er unbeschwert wie ein Junge, dem noch nie etwas Böses widerfahren war. Doch jeder an der Front, der nicht in die Kategorie der Psychopathen gehört, schlägt sich mit Dämonen herum, versucht sie niederzuringen, um seinen Job zu erledigen, um als Soldat zu funktionieren. Und jeder macht das auf ganz eigene Weise.

Shurik und ich alberten manchmal scheinbar grundlos herum, oder wir rissen Witze, die weder besonders geistreich noch humorvoll waren, schütteten uns trotzdem aus vor Lachen, als wären es die lustigsten Scherze, die jemals einem Menschen in den Sinn gekommen waren. Einmal stellten wir es uns höchst amüsant vor, uns Helme zu besorgen, wie sie die Kreuzritter im Mittelalter trugen, solche Töpfe mit Sehschlitzen, mit diesen Dingern auf dem Kopf hinter unseren Maschinengewehren zu posieren und kleine Filmchen zu drehen fürs Internet. Schon klar, so erzählt, entlockt das niemandem auch nur ein Schmunzeln. Aber wir standen gerade vor einer heiklen Mission, bei der uns die feindlichen Geschosse nur so um die Ohren pfeifen würden. Jedenfalls mussten wir damit rechnen nach dem, was wir ein paar Tage zuvor erlebt hatten.

Diese Art von Humor mag seltsam erscheinen, ist aber einfach zu erklären: Man kann nicht lachen und sich gleichzeitig Sorgen machen oder, was es in dem Fall wohl besser trifft: sich vor Angst in die Hosen scheißen. Das ist das ganze Rätsel beziehungsweise die Auflösung des Rätsels. Solche Albernheiten sind nichts anderes als Schutzmechanismen, um in bestimmten Situationen nicht durchzudrehen. Das Verrückte daran: Es wird einem erst hinterher so richtig klar, wenn man sich daran erinnert. In dem Moment, in dem es geschieht, kann man gar nicht anders, als den Blödsinn mitzumachen. Als gäbe es in unserem Gehirn einen Seismografen für emotionale Stresssituationen, durch den im Bedarfsfall automatisch so etwas wie ein Überlebensmodus angeknipst wird.

Überleben war das Stichwort. Diese eine Mission noch, den Russen noch einmal richtig Feuer unterm Arsch machen, damit sie sich endlich aus Ternovi Pody verziehen und überhaupt aus dem Oblast Mykolajiw – das wäre ein guter Abschluss. Shurik wird es verstehen und die anderen auch. Und meine Eltern wären glücklich, meine Schwester und Liza sowieso. Ach, Liza, mein kleines scheues Reh.

Mit diesen Gedanken kletterte ich auf den Humvee, um noch einmal alles zu checken. Ich setzte mich in den Turm und machte die Browning feuerbereit. Handgriffe wie auswendig gelernt, dass ich nicht eine Sekunde nachdenken musste, was als Nächstes zu tun war. Unterbrochen wurden die Abläufe nur durch ein kleines Ritual, das ich vor jeder Mission, jedem Feindkontakt zelebrierte: beten.

Um das kurz zu erklären: Ich stamme aus einem kleinen Ort in der Nordeifel. Unsere Familie ist evangelisch, ich wurde als Baby getauft und später konfirmiert. Noch später, als Sechzehn-, Siebzehnjähriger, konnte ich mit Kirche, Gott und dem Glauben an eine höhere Macht nichts mehr anfangen. Das änderte sich einige Jahre später, während der Coronapandemie, als ich in eine ziemlich deprimierende Sinnkrise schlitterte. Hauptsächlich ausgelöst durch – ich drücke es mal so aus – unschöne Erlebnisse bei der Bundeswehr. Nach vier Jahren bei den Panzergrenadieren, zwei

Monate Dienstzeit in Afghanistan inklusive, war ich gerade in die Offizierslaufbahn gestartet. Die Truppe war mein Leben. Doch auf einmal – zu den Gründen komme ich noch – stand ich vor der Entscheidung: meinen Traum beerdigen und hinschmeißen oder weiter das Elend ertragen und auf Besserung hoffen. Und wenn ich hinschmeiße, kein Soldat mehr bin, was mache ich dann? Hinzu kam das Abgeschnittensein von Familie und Freunden durch die Coronamaßnahmen, zumindest eine Zeit lang, was mir in der damaligen Verfassung wie eine Ewigkeit vorkam. Wenn man so will: der Klassiker. Die Suche nach Halt, nach Orientierung, in einer Situation, die man als hoffnungslos empfindet. Ich fing also an, mich mit Fragen nach dem Sinn des Lebens auseinanderzusetzen. Dabei stieß ich auf den YouTube-Kanal eines kanadischen Psychologen, durch den ich schließlich einen neuen Zugang zur Religion fand. Das bedeutet nicht, das ich nun streng gläubig wäre. Sagen wir, ich habe wieder einen Draht nach oben gefunden. Dazu gehört, dass ich glaube, Gebete können etwas bewirken. Und wenn sie nur halfen, mir für eine gewisse Zeit ein besseres Gefühl zu geben, mich ein bisschen mehr behütet zu fühlen, beschützt, bevor ich loszog in ein Feuergefecht.

Es war übrigens immer dasselbe Gebet, das ich aufsagte. Psalm 144, Altes Testament, Buch der Psalmen, der Text wird König David zugeschrieben:

Gelobt sei der Herr,
der mein Fels ist,
der meine Hände den Kampf gelehrt hat,
meine Finger den Krieg.

Du bist meine Huld und Burg,
meine Festung, mein Retter, mein Schild,
dem ich vertraue.
Er macht mir Völker untertan.

Wer sich mit der Bibel auskennt, weiß, dass das nur die ersten beiden Verse von Psalm 144 sind. Mehr Verse betete ich nicht, diese dafür aber dreimal – nach jedem Handgriff.

Als Erstes legte ich einen Patronengurt ein. Dafür musste natürlich der Deckel des Maschinengewehrs geöffnet sein. Den Gurt reichte mir der Assistent, er saß im Humvee unter mir, »unter Luke«, wie wir bei der Bundeswehr sagten, in Griffweite der Munitionskiste, die wir vorher eingeladen hatten. Wenn in der nichts mehr drin war, sollten wir möglichst wieder außer Reichweite des Feinds sein. Mein Assistent hieß Andrej, ein Ukrainer, etwas älter als ich. Wir verständigten uns über einfache Codes. Aus sprachlichen Gründen, aber auch weil es im Gefecht blitzschnell gehen musste und um Missverständnisse zu vermeiden. Außerdem konnten wir es so auch leicht über Fingerzeichen regeln, wenn die Hölle über uns hereinbrach, dass man sein eigenes Wort nicht mehr verstand, oder wir sowieso Gehörschutz trugen. Signalisierte ich Andrej odin, also »eins«, als Wort oder indem ich einfach meinen Daumen hob, wusste er, dass ich schleunigst einen neuen Patronengurt brauchte. Bei dwa, dem Wort für »zwei«, oder zwei ausgestreckten Fingern reichte er mir die nächste Panzerfaust hoch, eine hatte ich immer als zweite Waffe im Turm.

Aber noch war ich mit der Browning beschäftigt. Der Deckel war aufgeklappt. In einem Gurt steckten hundert Patronen. Panzerbrechende Brandmunition, das Geschoss aus Stahl oder Wolframcarbit. Fürs erste Feuer wurden 200 Schuss aufgegurtet, damit man nicht gleich wieder wechseln musste. Also verband ich zwei Gurte, indem ich die letzte Patrone vom ersten herauszog, das Endstück und den Anfang des zweiten übereinanderlegte und sie dann wieder reinschob. War der Gurt platziert, sprach ich das Gebet – halblaut, für die anderen wahrscheinlich mehr ein Nuscheln. Dann ließ ich den Deckel zuschnappen und sagte die Verse erneut auf. Im letzten Schritt zog ich den Verschlusshebel ruckartig nach hinten, um ihn direkt wieder nach vorn schnellen zu lassen. Damit war die Waffe scharf, und ich betete noch einmal.

Man könnte meinen, es handelte sich um eine längere Prozedur. In Wirklichkeit ging das schneller, als hier die Worte hinzuschreiben. Noch bevor ich zur dritten Wiederholung ansetzte, fuhren wir meistens schon – so wie an diesem Tag.

Der T-80 donnerte hinter uns her.

»Dawai, dawai! Poschli!«, das war das Startsignal gewesen. Es kam von unserem Fahrzeugkommandanten, auch er ein Ukrainer. Sein Platz war vorn neben dem Fahrer. Die Befehle erhielt er über Funk. Von wem genau – keine Ahnung. Als Legionär bekam man da wenig Einblick. Aber die Strukturen werden nicht viel anders gewesen sein als bei der Bundeswehr. Irgendwo wird es einen Befehlsstand gegeben haben, eine Kommandozentrale, die unseren Einsatz mit denen der anderen Kräfte koordinierte, die an der Front unterwegs waren. Man hoffte es.

Dieses poschli, das übersetzt so viel bedeutet wie »Los jetzt, vorwärts, nicht rumtrödeln!«, klang in meinen Ohren inzwischen wie eine schrille Alarmglocke. Die gefährlichsten Missionen hatten mit poschli begonnen, eigentlich so gut wie alle. Immer das gleiche Spielchen: Du hörtest das Wort, einmal oder zweimal, in einem Tonfall, der nicht den geringsten Widerspruch duldete, vielleicht noch garniert mit dawai, dawai wie eben, um keinen Zweifel an der Dringlichkeit zu lassen. Dann setzte sich der Humvee in Bewegung, es vergingen ein paar Minuten, in denen wir mit ordentlich Speed durchs Gelände rumpelten, und auf einmal steckten wir mitten im Bombenhagel – und man fragte sich: Heilige Scheiße, wie überleben wir das?

Ich guckte nicht auf die Uhr, aber mein Zeitgefühl sagte mir, wir waren ungefähr eine Viertelstunde unterwegs, als wir das nächste Mal stoppten, wieder im Schatten einer Baumgruppe. Pinkelpause. Während ich mich erleichterte, blitzte der Gedanke an eine Mine auf, die unter uns explodieren, uns ins Jenseits befördern könnte. Und schon wuchs der Impuls wegzulaufen, diesen verdammten Krieg hinter mir zu lassen. Aber das kannte ich schon. Ich rannte nicht weg, ich kletterte wieder in den Humvee. Ein nächster Adrenalinschub. Der Blutdruck stieg, das Herz schlug schneller. Gleich würde es losgehen, dann würden wir es ihnen zeigen. Dafür war ich hier, dafür hatten wir trainiert. Fast war ich euphorisch. Aber die Angst ließ sich auch nicht abschalten – ein schräger Mix aus widersprüchlichen Emotionen, schwer zu beschreiben, dieser Zustand.

Wir fuhren wieder, Shuriks Truppe wie immer voran. Der T-80 nahm jetzt eine andere Route. Er sollte später aus einer anderen Richtung zu uns stoßen, uns Feuerschutz geben. Ich war froh, dass er uns nicht so dicht auf der Pelle blieb. Je größer ein Fahrzeug, umso mehr gegnerisches Feuer zieht es an.

Irgendwann machte der Weg eine Biegung. Links von uns tauchte eine Baumgruppe auf. Durch die Bäume waren Häuser zu sehen. Das musste Ternovi Pody sein.

Plötzlich kleine Explosionen zwischen den Bäumen – Mündungsfeuer. Man schoss eindeutig in unsere Richtung. Wir waren etwa dreißig, vierzig Meter entfernt, erhöhten die Geschwindigkeit, passierten die Bäume.

Dahinter bekamen wir freie Sicht auf den Ort. Normalerweise war der Plan bei solchen Missionen, so nah wie möglich an die ersten Häuser heranzufahren, draufzuballern, was draufzuballern geht, so gezielt wie möglich, und wieder zu verschwinden, bevor die Russen sich besinnen und zurückschlagen konnten. Hit-and-Run-Taktik nennt sich das. Man vernichtet den Gegner auf diese Weise nicht, schwächt ihn aber und erzwingt vielleicht seinen Rückzug. So die Theorie. Für heute sah die Vorgabe etwas anders aus. Es galt, den Feind möglichst lange mit unserem Feuer abzulenken, während parallel mechanisierte Kräfte das Dorf angriffen.

In beiden Fällen sollte man sich möglichst unerkannt dem Ziel nähern, um das Überraschungsmoment nutzen zu können. Das dürften uns die Schützen in der Baumgruppe diesmal vermasselt haben – was ärgerlich war, aber nur eine alte Militärweisheit bestätigte: Kein Plan überlebt den ersten Feindkontakt. Das hat irgendein schlauer

Generalfeldmarschall mal gesagt, vor hundert Jahren oder so, trifft heute aber noch genauso zu.

Wir sahen Häuser, aber keine Menschen. Nirgends schien sich jemand zu regen. Wir fuhren dichter heran. Shuriks Humvee befand sich etwa fünfzig Meter vor uns. Seine Browning fauchte die ersten Feuerstöße. Kurze Feuerstöße. So wie es uns bei der Befehlsausgabe eingeschärft worden war. Kein Dauerfeuer! Munition sparen.

Ich hätte auch schießen sollen. Die Kameraden unter mir brüllten einer nach dem anderen: »Fire!« … »Fire!« … »Fire!«, als hätte ich das nicht selbst gewusst. Dummerweise versperrte mir Shuriks Humvee den Schusswinkel. Ob es mir passte oder nicht, ich musste mich gedulden. Wir reden hier von Sekunden, bis unsere Position günstiger sein würde. Allerdings erschienen sie mir wie Minuten, da der Gegner inzwischen ebenfalls seine Waffen in Stellung gebracht hatte. Beschossen zu werden, ohne selbst schießen zu können, das ist nicht lustig.

Endlich bot sich ein besserer Winkel. Wir kreisten vor der Häusergruppe, die L-förmig angeordnet war, düsten bis auf etwa fünf Meter heran, drehten ab und zogen den nächsten Kreis. Währenddessen immer kurze Feuerstöße, hauptsächlich in die Fenster, die mit den zersplitterten Scheiben aussahen wir aufgerissene Mäuler von Ungeheuern. Aus dem Dunkel dahinter kamen Schüsse. Ich konnte niemanden sehen, höchstens mal einen Schatten, der sich zu bewegen schien. Aber das konnte täuschen, konnte Einbildung sein, da wir die ganze Zeit in Bewegung waren. Wir mussten fahren und feuern, das war unsere Lebensversicherung. Solange wir fuhren, gaben wir ein schlechtes Ziel ab. Hauptsache, den Russen kam nicht die Idee, Granaten oder Raketenwerfer einzusetzen – unsere Humvees waren nur gegen MG-Feuer gepanzert.

Ich fragte mich, wo der T-80 steckte. Sollte er nicht längst hier sein? Ein bisschen Feuerunterstützung von der Seite hätten wir jetzt gut gebrauchen können. Doch dieser verfluchte Panzer ließ sich einfach nicht blicken.

Plötzlich ein Stück vor uns eine riesige Staubwolke, als wäre etwas explodiert. Durch den Gehörschutz hatte ich den Rumms kaum mitbekommen. Offenbar hatte es Shuriks Humvee erwischt – sie mussten auf eine Mine gefahren sein. Und nun standen sie da wie auf dem Präsentierteller. Als unbewegliche Zielscheibe in Großformat. Wie eine Einladung für die Russen.

Unser Fahrer gab Gas, steuerte den anderen Humvee an, fuhr dran vorbei, drehte und blieb hinter ihm stehen, damit wir Deckung hatten. Shurik und seine Leute saßen ab, ballerten mit ihren Waffen, um sich die Russen vom Leib zu halten, sprangen bei uns rein. Ich gab ihnen Feuerschutz, so gut ich konnte, lenkte die russischen Salven somit auf mich. Die Geschosse prasselten haarscharf an mir vorbei. Eines traf mein MG, Splitter flogen mir ins Gesicht, gegen die Stirn. Mein Gurt war fast leer. Kein günstiger Zeitpunkt zum Nachladen. Ich musste die Russen in Schach halten, sonst hätten sie in Ruhe auf uns zielen können. Außerdem wäre ich beim Einlegen eines neuen Patronengurts mit dem Kopf zu hoch gekommen, zu weit aus dem Turm heraus. Glatter Selbstmord wäre das gewesen, erst recht bei der kurzen Distanz zu den russischen Schützen.

Ich versuchte, Zeit zu schinden, indem ich die Abstände zwischen zwei Feuerstößen um ein paar Sekunden – Bruchteile von Sekunden – dehnte. Ein Nervenspiel, hier lief nichts in Zeitlupe, alles ging blitzschnell, ich hatte keine Chance, ein Level zurückzugehen und dort noch mal zu beginnen.

Zum Glück reichten die Patronen, bis wir wieder fuhren. Nun aber nicht mehr im Kreis, sondern schnurstracks und Highspeed weg von den Häusern. Alle zusammen in unserem Humvee. Jedenfalls dachte ich das. Ein Irrtum, wie ich später erfahren sollte. Auch möglich, dass ich in dem Moment nicht dachte, dass wir komplett waren, sondern einfach davon ausging. Weil niemand etwas anderes sagte und ich viel zu sehr mit der Browning beschäftigt war.

»Odin«, rief ich zu Andrej hinunter. Jetzt sollte es mit dem Nachladen machbar sein.

Andrej reichte mir einen neuen Patronengurt.

Ich merkte, dass der Turm blockiert war, sich nicht mehr drehen ließ. Mit der Doppelbesatzung war der Humvee zu voll.

Ein Blick zurück. Die Häuser hinter uns wurden kleiner, die Fenster zu dunklen Punkten. Ich atmete auf, spürte, wie die Anspannung von mir abfiel. Ich fing an zu reden, mit mir selbst, mit den Kameraden unter mir. Ich stellte keine Fragen, und ich erwartete keine Reaktionen. Ich plapperte einfach drauflos, ohne Punkt und Komma. Und ich lachte. Und ich schrie. Und dann vermischte sich eines mit dem anderen. Und das alles geschah, ohne dass ich es hätte steuern können. Es sprudelte förmlich aus mir heraus, wie eine Art Selbstreinigung, als wären dadurch die Gespenster aus meinem Hirn vertrieben worden.

Dann waren wir etwas weiter entfernt, und ich dachte: Geschafft! Gott sei Dank, wir sind da raus! Jetzt schnell zurück und ab in unser Lieblingsrestaurant, einen schönen Abend verbringen. Und vergessen. Beziehungsweise verdrängen. Es beginnt immer mit dem Verdrängen.

Die Stimmung war gut. Oder war sie nur bei mir gut? Diese Frage stellte ich in Wirklichkeit nicht. Im Rückblick scheint sie angebracht zu sein. Nur wusste ich das da noch nicht. Mich durchströmte ein Gefühl der Erleichterung.

Aber das erwies sich als trügerisch. Wir fuhren vielleicht fünf, sechs Minuten, da fiel mir auf, dass wir langsamer wurden. Als hätte jemand den Motor abgestellt, sodass wir nur noch austrudeln konnten. Dann sah ich, wie Qualm aus der Motorhaube quoll. Und ich hatte gedacht, so was wird nur in Filmen inszeniert, um es spannender zu machen.

Wir blieben stehen, mitten auf einer sandigen Straße, kaum breiter als ein Feldweg. Kein Baum, kein Strauch in der Nähe, nichts, was uns Deckung hätte geben können. Der Fahrzeugkommandant befahl etwas, wovon ich kaum mehr verstand als die letzten beiden Worte: »Poschli! Poschli!«

Ich schnappte mir meine Kalaschnikow und die Panzerfaust und kletterte mit den anderen ins Freie. Alles andere ließ ich zurück. Wir liefen ein Stück die Straße entlang, um nicht so dicht beim Humvee zu bleiben, der weithin sichtbar gewesen sein dürfte.

Die Gegend wirkte friedlich. Ich fragte mich, ob wir weit genug von den russischen Stellungen entfernt waren, um nicht von Drohnen aufgeklärt zu werden. Da es unabhängig davon generell nie ratsam ist, im Kampfgebiet auf freier Fläche als Zielscheibe herumzulaufen, noch dazu in der Uniform des Feinds – aus Sicht der Russen – und bewaffnet, verdrückten wir uns in den Graben neben der Straße.

Unser Kommandant funkte mit irgendwem. Sicher bestellte er ein Uber … okay, Galgenhumor, wahrscheinlich eher einen Humvee-Pick-up, wo wir alle draufpassten.

Ich versuchte, optimistisch zu bleiben. Es würde nicht ewig dauern, wir mussten nur warten, Geduld haben. Keine komplizierte Aufgabe. Mir schwirrte alles Mögliche durch den Kopf, ohne dass ich es sortiert bekam.

Nach einem Feuergefecht braucht man einen Cut, irgendeinen Disconnect, der einen aus dem Kampfmodus rausholt. Normalerweise fuhren wir zurück zur Basis, hielten unterwegs irgendwo, um nach den Fahrzeugen zu schauen, zu checken, ob sie es einigermaßen heil überstanden hatten. Oder wir warteten auf ein anderes Fahrzeug, das zurückgeblieben war. An dem Tag wäre das der T-80 gewesen, von dem aber weit und breit nichts zu sehen war. Oder wir kümmerten uns um unsere Waffen und quatschten dabei, machten irgendetwas halbwegs Normales, um Abstand zu kriegen, wieder runterzukommen.

Doch hier, mitten in der Botanik, funktionierte das nicht. Zwei Humvees Schrott, unser Abtransport ungewiss, ohne Ahnung, ob die Russen uns im Blick hatten, die Waffen griffbereit am Mann – da pumpte das Adrenalin fleißig weiter durch die Adern.

Möglicherweise war das der Grund, warum mir nicht auffiel, dass einer aus Shuriks Trupp fehlte. Obwohl wir alle auf einem Haufen hockten. Jeder war mit sich selbst beschäftigt, schleppte die Last des Erlebten. Die nimmt einem niemand ab, nicht in so einer Situation und später auch nicht. Vielleicht kam die Sache kurz zur Sprache. Vielleicht nannte jemand den Namen des Ukrainers, den sie im Humvee zurückgelassen hatten. Zurücklassen mussten, um ihre eigene Haut zu retten. Kropyva hieß er. Er wurde tödlich verwundet. Und vielleicht hörte ich das alles sogar. So wie ich das Zwitschern von Vögeln hörte. Es waren Vögel in der Nähe, da bin ich mir ganz sicher. Also muss ich ihr Zwitschern gehört haben. Aber ich schwöre, in meinem Gehirn kam es nicht an, weder das eine noch das andere.

Zeit verstrich. Bleierne Zeit des Wartens. Der Ungewissheit. Und der Hoffnung. Wir werden gleich abgeholt, bestimmt. Und dann sind wir in Sicherheit. Ich starrte in die Ferne, bis mein Blick verschwamm. Sehnte den Moment herbei, von hier zu verschwinden, dachte an das Restaurant in Mikolajiw, sah Bilder vor mir, wie wir dort sitzen – essen, reden, lachen. Und wieder schlich sich der Gedanke an, dass es meine letzte Mission sein könnte, sein sollte. Vielleicht, dachte ich, würde ich am nächsten Tag anders entscheiden, aber jetzt, hier in diesem Graben, war ich fest ent…

»DRONE!!!«

Shuriks Stimme zerriss meinen Gedanken wie einen dünnen Faden. Mit großen Augen und ausgestrecktem Arm zeigte er nach oben.

Erschrocken scannte ich den Himmel ab, hielt den Atem an. Die Drohne war so nah, dass ich ihr Surren hörte – und das Geräusch auch wahrnahm. Im Alarmmodus schienen die Synapsen zu funktionieren.

Shurik konnte die Drohne offenbar sehen. Ich nicht.

Einer der ukrainischen Soldaten fragte: »Nasch?« Er wollte wissen, ob es eine von unseren sei. Das hätten wir alle gern gewusst, doch keiner von uns kannte die Antwort.

Was tun? Weglaufen? Hierbleiben? Ein paar Kameraden sprangen auf. Ich verharrte unschlüssig im Graben, suchte Shuriks Blick, der am anderen Ende der Gruppe saß, zwanzig, dreißig Schritte entfernt. Wenn eine Granate auf freiem Feld hochgeht, das hatten sie uns bei der Bundeswehr eingetrichtert, schützt man sich am besten, indem man seinen Körper flach auf den Boden presst, das Gesicht in den Dreck, die Hände übers Genick.

Ich versuchte, die Alternativen im Eiltempo abzuwägen. Da meldete sich Shurik erneut.

»Run! ... run ... run!!!«, brüllte er diesmal.

Woraus ich schloss, dass die Drohne sich inzwischen direkt über uns befand. Und dass er erkannt hatte, dass sie nicht zu Aufklärungszwecken umherschwirrte, sondern mit einer Granate bestückt war. Wenn sie tief genug fliegen, kann man das sehen. Die russische Armee verwendet für solche Drohnen häufig 30-Millimeter-Granaten oder klassische Handgranaten, beide Arten explodieren beim Aufprall.

Jetzt sprangen auch die Letzten auf, und alle rannten weg, stoben auseinander. Erst überlegte ich das auch, aber dann dachte ich: Wirf dich auf den Boden, dann hast du die beste Chance. Im selben Moment schlug neben mir etwas auf den Boden. Fast gleichzeitig eine Detonation, die eine Druckwelle auslöste, als hätte mir jemand einen Tritt gegen den Schädel verpasst. Ich merkte noch, wie ich zur Seite geschleudert wurde, tiefer hineinrollte in den Graben ... und auf einmal war alles schwarz.

258 TAGE DAVOR

STOLBERG, NORDEIFEL

»Eh, Junge, es ist so weit!«

Die Nachricht kam von Lars. Ich lag im Bett, war gerade wach geworden und kriegte kaum die Augen auf. Lars gehört zu unserer Clique, Freunde von früher aus der Schule und aus dem Ort. Wir treffen uns immer noch. Nicht regelmäßig, eher spontan, wenn gerade mal alle oder ein paar von uns in der Gegend sind. Die meisten hat es nach der Schule woandershin verschlagen – zum Studium oder um irgendwo eine Ausbildung zu machen. Oder wie bei mir zur Bundeswehr. Wer nicht wieder zurückgekommen ist, besucht ab und zu die Familie, Eltern oder Großeltern. Das sind dann solche Gelegenheiten. Jedenfalls versuchte ich, noch halb im Schlaf, aus den Worten auf meinen Handydisplay schlau zu werden – was mir nicht gelang.

Während ich also mit Grübeln beschäftigt war, mit Grübeln und Wachwerden, ploppte die nächste Nachricht auf: »It has started!!!«

Ich kam nicht drauf, was er meinen könnte, antwortete mit drei Fragezeichen und döste weiter vor mich hin. Vor dem Fenster ein Grau, das nicht zum Aufstehen animierte. Unmöglich, die Uhrzeit zu schätzen. Es konnte gerade hell geworden sein oder schon wieder dunkel werden. So ein Tag war das. In jeder Hinsicht.

Das Bett, in dem ich lag, stand in meinem alten Kinderzimmer. Ich fühlte mich wie in die Vergangenheit zurückgebeamt. Oder wie aus der Spur katapultiert, das trifft es noch besser. Runter vom Highway, auf dem ich die letzten viereinhalb Jahre, fast fünf, dahingedonnert war, immer in eine Richtung, ohne ein einziges Mal den Blinker zu setzen oder irgendwelche Abzweigungen auch nur in Betracht zu ziehen.

Doch der Reihe nach: Abitur im Jahr 2016 an der Montessori-Schule in Aachen. Schnitt 2,0 – was ganz in Ordnung war, wenn man berücksichtigt, dass Mathe mir beinahe das Genick gebrochen hätte. Die anderen Fächer hatte ich im Griff, nur Mathe war ein rotes Tuch. Im Jahr darauf dann zur Bundeswehr. Freiwilliger Wehrdienst – »als besonderes staatsbürgerliches Engagement«, um es korrekt zu benennen, so steht es im Soldatengesetz, Paragraf 58b. Die Wehrpflicht wurde ja 2011 abgeschafft. Also, nicht wirklich abgeschafft, auf Eis gelegt. Ausgesetzt. Im Grundgesetz, das ist höherrangig, steht nach wie vor, dass Männer ab achtzehn zum Wehrdienst verpflichtet werden können. Diese Regelung greift jedoch nur, wenn unser Land bedroht und dadurch der sogenannte Verteidigungsfall eintreten würde. Das hieße Krieg, aber diesen Gedanken will man lieber nicht zu Ende denken.

Sich freiwillig in eine Soldatenuniform stecken zu lassen, um dann auf Befehl stramm zu stehen, durch Schlamm zu robben, Panzern hinterherzuhetzen oder auf Schießplätzen rumzuballern – davon kann man halten, was man will. Ich kenne eine Menge Leute, die allein bei der Vorstellung, sich das anzutun, die Nase rümpfen. Mich dagegen faszinierte das Militärische schon, als ich noch ein Kind war. Uniformen, Waffen, Technik, eigentlich alles. Warum, das ist mir selbst ein Mysterium. Möglicherweise kriegt man so was über seine Gene mit. Oder es wird einem übergestülpt, absichtlich oder nicht, durch das, was die Eltern vorleben. In meinem Fall findet sich für beide Möglichkeiten nicht wirklich ein überzeugendes Argument.

Mein Vater war zwar Polizist, Kommissar, aber bei der Autobahnpolizei. Ich entsinne mich nicht, ihn jemals in Uniform gesehen zu haben, geschweige denn mit einer Waffe. Er hat mich auch nie animiert, seinem Beispiel zu folgen oder Soldat zu werden, im Gegenteil. Eine andere Spur könnten die Geschichten liefern, die meine Großmutter über Großvaters Zeit im Zweiten Weltkrieg erzählte. Er diente bei der Wehrmacht, nicht freiwillig, geriet in russische Gefangenschaft und kehrte erst zwei Jahre nach Kriegsende zurück – als gebrochener Mann, körperlich und seelisch ein Wrack. Doch in Großmutters Geschichten ging es nie um militärische Dinge. Schützengräben, Maschinengewehre, Jagdbomber oder irgendwelche Kriegsstrategien kamen darin nicht vor. Es waren auch keine Geschichten über mutige Heldentaten oder die Bedeutung soldatischer Tugenden wie Tapferkeit, Disziplin, Ehre und Pflichterfüllung – nicht dass ich mich erinnern würde.

Keine Sorge, ich werde nicht meine ganze Schulzeit platt kauen. Hier nur ein paar Fakten, die das Wundersame an der Tatsache untermauern, dass es ausgerechnet jemanden wie mich zum Militär zog. Dazu muss man wissen, dass ich ungewöhnlich früh eingeschult wurde, bereits mit fünf Jahren. Meine Mutter erzählte später, ich hätte mich im Kindergarten nur noch gelangweilt. In der Schule war ich dann immer der Kleine, das Nesthäkchen. Eine Rolle, mit der ich mich gut arrangieren konnte. Ich riskierte nie die große Klappe, wie das andere Jungen taten, oder legte es darauf an, in Prügeleien verwickelt zu werden, um bei Mädchen Eindruck zu schinden – nichts dergleichen. Selbst wenn ich mit Freunden auf dem Schulhof Krieg spielte, lief das ganz harmlos ab. Ansonsten war ich der unauffällige Strebertyp, der brav seine Aufgaben erledigte, stets bemüht, bei den Lehrern unterm Radar zu bleiben, nicht anzuecken. Die hormonbedingte Trotzphase, die jeden ereilt, setzte bei mir erst spät ein und fiel nicht besonders rebellisch aus. Außer vielleicht gegenüber meiner Schwester, aber das zählt nicht, wir zofften uns ständig, auch vorher schon – und danach.

Kurz gesagt: Ich war ziemlich uncool, hatte so gar nichts von einem Draufgänger an mir, strahlte eher das Gegenteil aus, die meisten hielten mich für einen Nerd. Womit sie nicht mal falschlagen, bei der

Zeit, die ich mit Videospielen am Computer zubrachte. Und dann meine körperliche Konstitution: Ich war relativ klein, spindeldürr und blass wie ein Milchgesicht. Und anfällig für Krankheiten, hauptsächlich Bronchitis und Asthma. Das wurde erst besser, als ich mit der Pubertät anscheinend stärkere Abwehrkräfte entwickelte gegen Viren und Bakterien und was sonst an Erregern durch die Luft schwirrte.

Meinen Eltern blieb natürlich nicht verborgen, dass ihr Sohn sich mit Vorliebe Dokumentationen übers Militär reinzog, Bücher verschlang, die vom Ersten oder Zweiten Weltkrieg handelten, und – als ich etwas älter war – sich stundenlang mit allen möglichen Aspekten von Militärtechnik befasste. Angefangen bei Kalibergrößen, die ich mir besser einprägen konnte als manche Lateinvokabel, bis hin zu solchen Details, wie man bestimmte Waffen auseinanderbaut, wie sie überhaupt funktionieren und so weiter. Ich machte aus meinem Faible auch kein Geheimnis, obwohl ich mir deswegen immer wieder anhören musste, dass die Armee für mich nicht das Richtige sei. Junge, du bist nicht der Typ dafür – wie oft haben sie mir das vorgebetet! Bis ich irgendwann selbst der Meinung war, aus mir würde niemals ein Soldat werden. Ich bräuchte es also gar nicht erst in Erwägung zu ziehen, als Plan für die Zukunft und überhaupt.

Nur änderte das nichts an der Anziehungskraft, die die Welt des Militärs auf mich ausübte. So was lässt sich ja nicht einfach abschalten. Und dann sah ich eines Tages *Black Hawk Down*, diesen Film über die Schlacht von Mogadischu während des somalischen Bürgerkriegs im Oktober 1993. Ein Hollywoodstreifen mit Ewan McGregor und Eric Bana. Er soll die realen Ereignisse von damals einigermaßen wahrheitsgetreu widerspiegeln, aufgepeppt mit einer satten Portion Patriotismus und natürlich im Zeitraffer, das echte Feuergefecht zog sich über zwölf Stunden hin. Und es endete aus Sicht der Amis mit einem Fiasko. Achtzehn ihrer Soldaten, alle Special Forces, wurden getötet. Auf der anderen Seite, bei den Somaliern, kamen noch weitaus mehr um, die Angaben schwankten zwischen 200 und über tausend.

Was mich an dem Film aber vor allem ansprach, waren die Anfangsszenen, bevor es mit dem Gemetzel losging. Da wird der Soldatenalltag gezeigt. Es geht um Kameradschaft, Ehrlichkeit, das Einstehen füreinander, solche Sachen. Und ein paar coole Sprüche sind mir im Gedächtnis geblieben, die kamen aber erst später.

Der Film muss etwas in mir ausgelöst haben. Ich weiß noch, wie ich hinterher dachte: Wen schert's, was die anderen sagen! Warum soll ich nicht Soldat werden? Ich kann wenigstens die Fühler ausstrecken, mir den Laden mal angucken. Und als es dann so weit war, nach dem Abi, machte ich genau das. Eines stand dabei immer fest: Wenn, dann will ich zur Kampftruppe. Ein richtiger Soldat ist für mich, wer mit der Waffe in der Hand seinen Dienst tut. Und ich wollte ein richtiger Soldat sein.

Also Bewerbung, Musterung, ein paar Monate warten, dann die Einberufung und ab nach Augustdorf im Kreis Lippe, zwischen Bielefeld und Paderborn am Rand des Teutoburger Walds. Und dort in die Generalfeldmarschall-Rommel-Kaserne, eine der größten des deutschen Heeres, gemessen an der Zahl der stationierten Soldaten. Der Zaun, der das Gelände einfasst, ist über fünf Kilometer lang. Die Kaserne wie ein Dorf im Dorf – mit Soldatenheim, das den schönen Namen »Oase« trägt. Schießanlage, Sportplätze und zwei Garnisonskirchen vor dem Tor, eine evangelisch, eine katholisch. Noch weiträumiger ist der angrenzende Truppenübungsplatz, der sich auf einer Fläche von rund 120 Quadratkilometern (zirka 16 800 Fußballfelder) ausdehnt und von den britischen Streitkräften verwaltet wird. Das geht auf eine Vereinbarung nach dem Zweiten Weltkrieg zurück – die Aufteilung zwischen den Besatzungsmächten. Der Truppenübungsplatz wird von den Briten, aber auch von anderen NATO-Einheiten und der Bundeswehr genutzt. Gerade läuft dort wieder eine große Übung mit über tausend Soldaten. Nur damit man eine Vorstellung bekommt, wo ich da gelandet war. Im Vergleich zu der Galaxie, aus der ich kam, war es ein bisschen wie auf einem anderen Stern. Aber: Mir gefiel's.

Ich musste mich zwar erst ans Uniformtragen gewöhnen, doch es fühlte sich jeden Morgen gut an, sie anzuziehen. Selbst die Grundausbildung, bekanntermaßen kein Ponyhof, ließ mich nicht zweifeln, am richtigen Platz zu sein. Es machte Spaß, das soldatische Handwerk beigebracht zu bekommen, mit Waffen umzugehen, schießen zu lernen. Ich weiß, das klingt, als würde ich einen Werbeflyer für die Bundeswehr verfassen, aber so war es eben. Geregelter Tagesablauf? Von mir aus gerne. Disziplin, klare Vorschriften? Natürlich, das muss sein in einem solchen Haufen. Auch wenn das Ganze mitunter an Willkür grenzte, besonders zu Beginn, während der Grundausbildung, wo gefühlt neunzig Prozent der Regeln scheinbar nur darauf abzielten, uns Frischlinge für die Längergedienten als solche zu markieren.

Der freiwillige Wehrdienst geht bis zu 23 Monate. Man kommt aber auch früher raus, zum Beispiel wenn man eine Ausbildungsstelle findet. So ist man relativ flexibel, kriegt allerdings deutlich weniger Sold als Zeitsoldaten, die sich als Minimum für 24 Monate verpflichten müssen. Ich stieg als Rekrut mit 600 Euro netto ein, was sich nach der Grundausbildung verdoppelte. Zeitsoldaten fangen gleich mit 1900 Euro an. Nicht besonders schlau, könnte man denken. Aber mir ging es nicht um die Kohle, vor allem wollte ich mir die Option offenhalten, vorzeitig aussteigen zu können – falls sich herausstellte, dass Soldatsein doch nicht die große Erfüllung bringt.

Das Gegenteil trat ein: Ich wusste nach vier oder fünf Monaten, dass ich länger bleiben wollte, liebäugelte sogar damit, Berufsoffizier zu werden. Da einer meiner Wesenszüge aber ist, die Dinge nicht zu überstürzen, schwenkte ich erst mal auf Zeitsoldat um, unterschrieb für vier Jahre. Kann auch sein, dass tief in meinem Inneren irgendwo noch Zweifel keimten, die mich abhielten, bereits jetzt eine Entscheidung fürs Leben zu treffen. Und schließlich: Es konnte nicht schaden, sich die Sache zunächst von unten anzuschauen, als Schütze Arsch sozusagen, das Handwerk von der Pike auf zu lernen. Karriere würde ich immer noch machen können.

Übung bei der Bundeswehr, 2019.

Zu diesem Zeitpunkt, auch das könnte meine Zurückhaltung bestärkt haben, hatte ich bereits einen ersten Dämpfer verdauen müssen. Nach der Grundausbildung war ich in die 1. Kompanie gesteckt worden. Was mir vorher keiner gesagt hatte: Die 1. Kompanie ist eine Führungs- und Unterstützungskompanie, also keine, die im Ernstfall aufs Schlachtfeld geschickt würde – keine Kampfkompanie. Stattdessen kam ich in einen Aufklärungs- und Verbindungszug.

Leichte Aufklärung, das war unsere Aufgabe als leichte Späher, zu Fuß oder mit leichten Fahrzeugen. Nicht uninteressant, bei einem Einsatz wäre man zumindest nah dran an einer Kampfkompanie, aber eben nicht dabei.

Kleiner Einschub, falls sich jemand mit dem Gedanken trägt, die Bundeswehr zu verstärken: Nach dem üblichen Auswahlverfahren inklusive ärztlicher Untersuchung und verschiedener Tests landet man bei einem sogenannten Einplaner. Dessen Aufgabe ist es, dem Bewerber eine Stelle zu offerieren, die seinen Wünschen, seiner Eignung und dem Bedarf der Truppe entspricht. Aus eigener Erfahrung kann ich nur warnen: Vorsicht! Manche von denen lügen das Blaue vom Himmel herunter. Leider merkt man das erst, wenn es zu spät ist, man sich – wie in meinem Fall – in einer Einheit wiederfindet, zu der man gar nicht wollte.

Die Panzergrenadierausbildung, auf die ich es abgesehen hatte, absolvierte ich dann im Winter darauf – drei Monate, wie eine zweite Grundausbildung, davon ein Monat auf besagtem Truppenübungsplatz, die restliche Zeit auf einem kleineren Übungsgelände, das nicht für »scharfen Schuss« ausgelegt war. Geschult wurden wir an allen gängigen infanteristischen Handwaffen, von der Pistole über Sturm- und Maschinengewehr bis zur Panzerfaust. Außerdem ackerten wir uns durch den Infanterie-Ausbildungskatalog, theoretisch und praktisch: Wie bewege ich mich im Gelände? Wie als Gruppe? Wie werden Gräben ausgehoben, wie Sperren errichtet? Wie kämpfe ich auf einem Schützenpanzer? Wie wird abgesessen mit dem Fahrzeug? Dazu Marschieren, Waffenkunde, Wald- und Wiesenkampf – die gesamte Palette, hoch und runter, bis wir es draufhatten.

Ich war Feuer und Flamme, jetzt noch mehr. Und so marschierte ich nach der Grenadierausbildung zum Spieß unserer Kompanie, um mich für einen Auslandseinsatz ins Spiel zu bringen. Dazu sollte ich erklären, dass unsere Einheit der Panzerbrigade 21 unterstand, die seit Jahrzehnten an Auslandseinsätzen beteiligt ist. Einer der ersten fand übrigens im Rahmen der UN-Friedensmission in Somalia statt, im Jahr jener Schlacht von Mogadischu, die trotz Blauhelmpräsenz nicht verhindert werden konnte. *Black Hawk Down* – so schloss sich der Kreis. Nur dass nicht Somalia zur Debatte stand, sondern Afghanistan. Oder Mali. Ich wollte nach Afghanistan.

Wer bei der Kampftruppe dient, will in einen echten Einsatz. Außer wahrscheinlich die, die Kinder haben. Dafür frisst man das Gras auf dem Übungsgelände und nimmt alles andere auf sich – um im Ernstfall gewappnet zu sein, und noch mehr, um die antrainierten Fertigkeiten dann auch anwenden zu können. Nur so ergibt das Ganze am Ende einen Sinn. Ein Pilot will ein Flugzeug steuern, ein Chirurg will operieren – und ein Soldat, der will kämpfen.

Bestimmt ist für manche auch das Geld ein Motiv, sich für solche Missionen zu bewerben. Gerade bei Mannschaftern, wie ich einer war – also bei Dienstgraden, die unter den Unteroffizieren stehen. Zu meiner Zeit wurde jeder Tag Auslandseinsatz mit 110 Euro zusätzlich honoriert, netto. In sechs Monaten, das war die übliche Dauer, konnte man locker einen Kleinwagen zusammensparen.

Ich meldete mich also freiwillig, mal wieder, und im Januar 2019 war es so weit. Erste Station: Camp Marmal bei Masar-e Scharif im Norden Afghanistans, einst das größte Bundeswehrfeldlager außerhalb Deutschlands. Damals war es allerdings schon kräftig geschrumpft, personell zumindest. Rund tausend deutsche Soldaten waren noch dort, etwa ein Fünftel der ursprünglichen Belegung, die sich vorher aus Militärkräften aus zwanzig Ländern zusammengesetzt hatte. Unser Einsatz lief im Rahmen der NATO-Mission »Resolute Support«. Wir gehörten zum 13. Force-Protection-Kontingent. Im Wesentlichen ging es darum, Patrouillen zu fahren, Präsenz zu zeigen und als Guardian Angel deutsche und andere NATO-Offiziere, die afghanische Soldaten und Polizeikräfte ausbildeten, außerhalb des Camps zu begleiten und zu beschützen. Ich war als Richtschütze auf einem Dingo eingesetzt, was ich später auch in der Ukraine machte – mit dem Unterschied, dass Dingos größer, schwerer und moderner sind als Humvees, die wir dort unterm Arsch hatten. Der Hauptunterschied aber war, dass wir mit den Dingos nicht in Kampfhandlungen verwickelt wurden.

Die Zeit in Masar-e Scharif habe ich als relativ entspannt und friedlich in Erinnerung. Man lief nicht ständig mit dem Gefühl durch den Tag, es könnte jeden Moment etwas passieren, ein Selbstmordattentat oder ein anderer Überfall auf eines unserer Fahrzeuge – wir fuhren meist in Kolonne. Im Camp fanden sogar Freizeitaktivitäten wie Salsakurse und sonntags Kaffeeklatsch mit dem Militärpriester statt, wenn man Lust darauf hatte.

Anders in Kundus, meiner zweiten Station, 170 Kilometer weiter östlich, wo wir im Camp Pamir stationiert waren, einem afghanischen Camp ein Stück südlich der Stadt – mitten im Revier der Taliban. Innerhalb des Camps gab es einen besonders gesicherten Bereich, »Safe Haven« genannt. Das war unsere Basis, die wir uns mit Amerikanern und Armeniern teilten. Auch in Kundus wurden wir hauptsächlich als Guardian Angel eingesetzt. Die Patrouillenfahrten erledigten vor allem Afghanen und Amerikaner, die dabei immer wieder ins Visier der Taliban gerieten. Es verging kein Tag, an dem keine Schüsse zu hören waren. Wir Deutschen unterhielten eine Sanitätsstation, dort wurden öfter Verwundete hingebracht, auch einheimische Soldaten, die bei Gefechten mit den Taliban angeschossen worden waren. Bei unseren Einsätzen kam es zum Glück zu keinen gefährlichen Zwischenfällen. Trotzdem war die Bedrohung hier greifbarer. Man war dichter dran am Krieg. Der afghanische Teil des Camps wurde manchmal beschossen. Im Safe Haven schlug später sogar eine Rakete ein, aber da war ich schon wieder in Deutschland.

Mit dem Auslandseinsatz hatte ich in meinen Augen die Königsdisziplin bei der Truppe absolviert. Was konnte für einen Mannschafter nun noch kommen? An meiner Einstellung hatte sich nichts geändert, an meinem Plan ebenfalls nicht. Also war es an der Zeit, sich um die Karriere zu kümmern, die Offizierslaufbahn in Angriff zu nehmen. Bewerbung, Musterung, Auswahlverfahren – alles lief wie am Schnürchen. Direktzusage, und schon war ich Offiziersanwärter der Panzergrenadiere mit Studienplatz für Politikwissenschaft an der Bundeswehruni in Hamburg. Wenn das keine Perspektive war! Gut gemacht, klopfte ich mir selbst auf die Schulter.

Doch dann kam alles anders. Es fing damit an, dass ich trotz Zusage nicht in Augustdorf blieb, stattdessen in eine Kaserne bei Hannover abkommandiert wurde, zu einem anderen Panzerbataillon. Gegen eine Luftveränderung hätte ich nichts einzuwenden gehabt, aber es war eben nicht nur das. Vielleicht hatte mich die Zeit in Afghanistan versaut. In den Camps dort war es für militärische Verhältnisse recht locker zugegangen. Man bekam einen konkreten Auftrag, und wenn der erfüllt war, ging einem niemand auf den Sack. Keine Anzugskontrolle, auch die Kopfbedeckungspflicht wurde nicht besonders streng ausgelegt – es zählte einzig, dass man seinen Job gut machte.

Ich war extrem unzufrieden in der neuen Stammeinheit. Und diese Unzufriedenheit wucherte in mir wie ein Geschwür. Mich nervte, dass ich die Panzergrenadierausbildung noch mal machen musste, als hätte ich gerade frisch angefangen. Außerdem kam ich mit der Denke der Ausbilder nicht klar. Trotz ihres jungen Alters schienen manche mit dem Kopf im Kalten Krieg zu stecken. Oder noch weiter zurück. Einer wollte, dass wir uns an Handbüchern orientierten, die ungefähr auf dem Stand von 1942 waren – nicht an den »entmannten«, wie er es nannte, von heute. Zum Beispiel sollten wir beim Angriff Kameraden, die in Not gerieten, keine Hilfe leisten. Es hieß, der Spieß würde mit dem Laster hinterherfahren und die Verletzten einsammeln. Wenn ich mir das für einen echten Gefechtsfall vorstellte – grausig. Und zu allem musste man Ja und Amen sagen oder vielmehr: »Jawohl!«

Damit will ich nicht behaupten, dass es nicht auch an mir lag. Irgendetwas schien sich verändert zu haben. Schien mich verändert zu haben. War ich erwachsen geworden, oder lag es nur daran, dass ich die Ausbildung und Truppenführung in Augustdorf als moderner empfunden hatte, fortschrittlicher, mehr im Hier und Jetzt? Zusätzlich belasteten mich medizinische Probleme. Ich hatte unschöne Schmerzen in den Bändern am linken Knie, die ich zwei Monate lang nicht loswurde. Vielleicht hatte das eine mit dem anderen zu tun, wer weiß? Der Körper streikt schon mal, wenn der Geist sich sträubt. Das alles zusammen saugte die Begeisterung aus mir heraus, bis ich spürte, dass auch das letzte Zipfelchen davon verschwunden war.

Als düstere Begleitmusik kam die Coronapandemie dazu. Bereits das zweite Jahr mit massiven Kontakteinschränkungen, und ständig gab es neue Horrormeldungen – aus Deutschland und von überall auf der Welt, als wollte dieser globale Albtraum niemals aufhören. Und irgendwann war sie dann da, die große Sinnkrise, die ich schon erwähnte. Sie trieb mich dazu, alles infrage zu stellen. Und mit »alles« meine ich nicht weniger als meinen Lebensplan, wie ich ihn mir bis dahin zurechtgebastelt hatte. Er geriet nicht nur ins Wanken, er brach zusammen wie ein Kartenhaus. Mit dem Ergebnis, dass ich zuerst die Offiziersausbildung hinschmiss und dann komplett Schluss machte mit der Bundeswehr. Letzteres nicht von heute auf morgen, sondern mit dem Auslaufen meiner Vertragszeit, sodass ich am Ende ehrenhaft entlassen wurde, wie man so schön sagt. Wobei es für mich alles andere war als schön.

Vier Jahre lang hatte ich davon geträumt, Offizier zu werden, einen Großteil meines Lebens der Bundeswehr zu widmen. Ich konnte mir einfach nichts anderes vorstellen, nichts Besseres, nichts, was mich mehr erfüllen würde. Deswegen hatte ich auch nie einen Plan B entworfen. Und dann wurde mir auf einmal klar, dass Plan A doch nicht gut war. Aber aufhören geht auch nicht, jedenfalls kann man sich das erst mal nicht vorstellen – weil dann alles umsonst gewesen wäre. Und weil du keine Alternative im Köcher hast. Es zerreißt dich innerlich. Du stehst da wie vor einer tiefen Schlucht und hast nicht den blassesten Schimmer, wie man auf die andere Seite gelangt. Eine Brücke wäre hilfreich, denkst du, aber da ist keine, die musst du dir erst selbst erschaffen.

All das lag hinter mir, als ich an jenem Morgen im Februar 2022 in meinem alten Kinderzimmer aufwachte. Die kryptische Nachricht meines Kumpels aus der Schulzeit erreichte mich, wenige Tage bevor der Vertrag mit der Bundeswehr auslief.

Seitdem feststand, dass ich dort meine Segel streichen würde, zog es mich wieder öfter nach Hause. Zwar hatte ich noch eine Wohnung in Augustdorf, doch da hielt mich nichts mehr. Bis ich einen Ausbildungs- oder Studienplatz hätte, das war mein neuer Plan, wollte ich bei meinen Eltern wohnen. Mutter war heilfroh, dass ich das Bundeswehrkapitel zuschlug. Ihren Sohn beim Bund zu sehen, war nie ihr Wunsch gewesen. Dass ich nun überlegte, Medizin zu studieren, falls sich irgendwo ein Platz ergattern ließe – dieser Gedanke gefiel ihr wesentlich besser. Sie ist Ärztin, Allgemeinmedizinerin. Das erwähne ich nur, damit man besser versteht, wie ich mich in den folgenden Tagen – und Wochen – verhielt. Warum ich mein Süppchen im Geheimen kochte.

Aber noch war es nicht so weit. Nach der ahnungslosen Fragezeichen-Nachricht, die ich Lars im Halbschlaf geschickt hatte, klärte er mich mit drei Worten auf. Die wirkten wie eine kalte Dusche, ach was, wie eine ganze Wanne voller Eiswürfel: »Russland ist einmarschiert!«

Sofort war ich hellwach.

Lars schrieb noch, wir müssten nun *S.T.A.L.K.E.R.* verteidigen. Ich stimmte ihm zu, tippte die Worte ins Handy, ohne dass ich in dem Augenblick einen Gedanken daran verschwendete, es könnte tatsächlich mein Weg werden. Das mit *S.T.A.L.K.E.R.* war ein Insider zwischen Lars und mir. Nerds unter sich sozusagen. Wer es nicht weiß: *S.T.A.L.K.E.R.* ist ein Computerspiel, Kategorie Ego-Shooter, unter Gamern bestens bekannt. Man beamt sich in eine virtuelle Welt, die – verblüffend echt – Tschernobyl nachempfunden wurde, speziell der Sperrzone rund um das stillgelegte Atomkraftwerk. Entwickelt hat das Spiel eine Firma in Kiew, die seit Jahren eine Fortsetzung ankündigt, auf die wir beide gespannt warteten. Zuletzt war sie fürs Frühjahr 2022 avisiert. Doch nach Putins Drohgebärden gegenüber der Ukraine, die sich von Tag zu Tag zuspitzten, hieß es vonseiten der *S.T.A.L.K.E.R.*-Entwickler: Sollte ein Krieg ausbrechen, wird nichts daraus.

Ich zog mir schnell etwas über, ging nach nebenan in die Küche, die mit dem Wohnzimmer verbunden ist. Mein Vater, zu der Zeit bereits pensioniert, saß auf der Couch, den Blick auf den Fernseher geheftet. Der Nachrichtensender n-tv war eingeschaltet. Am unteren Bildrand lief der Livestream mit den neuesten Meldungen. Darüber wurden Aufnahmen von bombardierten Häusern gezeigt – Ruinen, Rauch, Spuren der Verwüstung. Explosionen in Kiew, Charkiw, Odessa und Mariupol. Die Städte wurden mit ballistischen Raketen und Marschflugkörpern beschossen. Russische Truppen waren im Norden, Osten und Süden einmarschiert, die sogenannte Zangenformation. Sie drangen innerhalb von Stunden in fünf ukrainische Regionen vor, nahmen erste Ortschaften ein.

Putin hatte am frühen Morgen mit einer Erklärung im russischen Staatsfernsehen das Startsignal zum Überfall gegeben, den er als »militärische Sonderoperation« verharmloste. Sie diene dem Ziel, so der Kremlherrscher, die Ukraine zu entmilitarisieren und zu entnazifizieren, um in den selbsternannten Volksrepubliken Luhansk und Donezk einen Genozid zu verhindert. Er tat, als wäre er ein Heiland, der seine Truppen einem geknechteten Volk zur Hilfe schickte. Worte wie Krieg oder Invasion, die der Wahrheit den richtigen Namen gegeben hätten, nahm er bei seiner Ansprache nicht ein einziges Mal in den Mund.

Bedrohliche Nachrichten kamen im Laufe des Tages tatsächlich auch aus Tschernobyl. Die Russen hatten die dort stationierten Soldaten der ukrainischen Nationalgarde überwältigt und die Kontrolle über die Anlagen der Atomruine samt Sperrzone übernommen. Bei den Kämpfen sei ein Lager für radioaktiven Abfall durch Schüsse beschädigt worden. Angeblich waren daraufhin die Strahlungswerte in der unmittelbaren Umgebung gestiegen. Wochen später, nachdem die Russen dort wieder abgezogen waren, kam heraus, dass viele von ihnen am Anfang gar nicht gewusst hatten, wo sie sich überhaupt befanden. Und dass sie dazu verdonnert wurden, Schützengräben in radioaktiv verseuchter Erde auszuheben.

Jeder wird diesen 24. Februar 2022 auf seine Weise in Erinnerung behalten. »Wir sind heute in einer anderen Welt aufgewacht«, sagte Außenministerin Annalena Baerbock an dem Morgen. Was man von ihr auch halten mag, damit beschrieb sie die Bedeutung der Ereignisse mit wenigen Worten recht treffend. Man hätte es auch noch kürzer fassen können: Das ist unser 9/11.

Viele Menschen aus meinem Umfeld, besonders die, die nichts mit dem Militär zu tun haben, waren aufgewühlt, entsetzt, schockiert, fassungslos, verängstigt. Und überrascht, auch das hörte ich oft. Zugegeben, es klingt ein bisschen neunmalklug, aber was soll ich sagen? Die Bilder im Fernsehen waren schwer zu ertragen. Und die Tatsache, dass in Europa, nur wenige hundert Kilometer entfernt, plötzlich Krieg geführt wurde zwischen zwei Staaten, wollte einem nur schwer in den Kopf. Wie konnte sich jemand in der zivilisierten Welt anmaßen, eine Armee loszuschicken, damit sie ein friedliches Volk überfiel und unschuldige Menschen tötete? Was ich damit sagen will: Aufgewühlt, entsetzt, schockiert – all das traf auch auf mich zu. Nur eines war ich an diesem Morgen nicht: überrascht.

Als das Säbelrasseln der russischen Seite losging beziehungsweise in einer Weise intensiviert wurde, dass sich ein Überfall, ein Krieg als realistisches Szenario abzuzeichnen begann, dachte ich, die NATO würde das verhindern. Mit Geheimabsprachen wie damals bei Kuwait oder irgendwie. Putin wäre niemals so dumm, es mit der NATO aufzunehmen. Wahrscheinlich, so meine Überlegung, würde bereits das Bekenntnis genügen, der Ukraine im Fall einer Aggression beizustehen. Dann hieß es jedoch recht schnell, die NATO würde sich raushalten. Aus meiner Sicht musste das auf den Kremlfürsten wirken wie eine Einladung: Wenn das so ist, dann mal los, das Büfett gehört mir. Ab da rechnete ich damit, dass es Krieg geben würde, sollte die NATO an ihrer Entscheidung festhalten – was sie tat. Damit will ich nicht sagen, dass sie die Schuld trägt an dem, was dann passierte. Niemand verfügt über den Blick in die Glaskugel. Wer weiß, ob es Putin tatsächlich von seinem teuflischen Vorhaben abgebracht hätte. Man kann es sich kaum vorstellen nach dem, was man heute weiß. Und was wäre geschehen, wenn nicht? Womöglich wäre aus dem dreisten Einmarsch ins Nachbarland ein Dritter Weltkrieg entstanden.

Überraschend war für mich eher, wie ahnungslos anscheinend viele der westlichen Politiker waren, und das offenbar bis zuletzt. Einer nach dem anderen eilten sie kurz vorher noch nach Moskau, um … ja, was eigentlich? Einem Mann wie Putin, einem Despoten, ins Gewissen zu reden? Als hätte das jemals einer geschafft, der in der Hierarchie nicht über ihm stand – und so jemanden gab es schon lange nicht mehr. War es all die Jahre nicht vielmehr so, dass er und seine Marionetten entweder die Bedingungen diktierten oder sich stur stellten? Aber ich will keine großen Reden schwingen. Dafür fehlt mir der letzte Einblick. Ich beschreibe nur, was mir durch den Kopf ging, welche Fragen ich mir stellte, wie wahrscheinlich viele andere auch.

Bald geisterten erste Meldungen durch die Medien, die Hauptstadt Kiew könnte bereits innerhalb der nächsten Stunden fallen. Als Quelle wurden westliche Geheimdienstvertreter genannt, welche auch immer damit gemeint waren. Und aus den Vereinigten Staaten war zu hören, im Weißen Haus rechne man damit, Putin würde in kürzester Zeit die ukrainische Regierung stürzen lassen, um ein prorussisches Regime zu installieren, ähnlich wie er das in Luhansk und Donezk angezettelt hatte.

Ich verschlang jede neue Nachricht vor dem Fernseher oder am Handy, wenn ich unterwegs war. Tatsächlich sah es aus, als hätte die Ukraine nicht den Hauch einer Chance. Zu ungleich schien das Kräfteverhältnis. Wenn man sich nur die Anzahl der Soldaten ansah: auf der einen Seite fast eine Million, falls Putin alle losschicken würde, auf der anderen gerade mal ein Fünftel davon. Das riesige Russland, dachte ich, wird die kleine Ukraine überrollen und am Ende auch noch ungeschoren davonkommen. Weil es preisgünstiges Gas lieferte, einen gigantischen Absatzmarkt für alle möglichen Produkte darstellte und somit gewaltige Geschäfte versprach. So funktioniert das doch.

Schwer zu erklären, warum mich das dermaßen touchte. Ich meine, ich hatte keine besonderen Berührungspunkte zu den Ländern, zu beiden nicht. Abgesehen von den Erzählungen über Großvaters Kriegserlebnisse in Russland und von seiner Gefangenschaft. Und von einem Au-Pair aus der Ukraine, das wir hatten, als ich zur Grundschule ging und beide Eltern in Vollzeit berufstätig waren. Ein nettes Mädchen, bildhübsch, Marianna hieß sie. Sie kochte meiner Schwester und mir Essen und half im Haushalt. Selbst futterte sie fast nur Salo, diesen in Salz und Kräuter eingelegten Schweinespeck, der in den ehemaligen Sowjetrepubliken gern gegessen wird. Die ukrainische Variante besteht hauptsächlich aus weißem Fettgewebe, mit Schwarte drum herum. Für uns etwas gewöhnungsbedürftig, doch sie liebte das Zeug. Vielleicht ja auch, weil es in der Ferne ein Stück Heimat für sie war.

Sicher ließ es niemanden kalt, was da gerade im Osten passierte, es erschütterte die Welt. Mich in meiner kleinen Welt machte es regelrecht wütend. Und es ärgerte mich, wie unsere Regierung sich verhielt, schon in den Wochen vor dem D-Day, als Putins Provokationen immer dreister wurden, er und sein belarussischer Amtskollege als Steigbügelhalter mehr und mehr Truppen an der ukrainischen Grenze aufmarschieren ließen. Und was taten sie in Berlin? Das ganze Theater mit den Schutzhelmen – konnte man sich eigentlich noch mehr blamieren? Und bloß keine Waffenlieferungen. Und auch noch verhindern, dass andere Länder welche schickten, die ursprünglich aus Deutschland stammten, besser gesagt, aus der DDR. Das mag rechtlich korrekt gewesen sein, völkerrechtlich und was auch immer. Niemand wollte leichtfertig in diesen hochgefährlichen

Konflikt verwickelt werden, aber verdammt, dieser Irrsinn musste doch gestoppt werden!

So war meine Stimmung, meine Haltung, und jetzt hatten wir den Schlamassel. Eine Katastrophe. Nicht dass ich nicht gewusst hätte, dass es auf der Welt beileibe nicht immer gerecht zugeht. Aber so ein Krieg! Wenn Russland den gewinnt, würden wir uns bald mit dem nächsten befassen müssen. Solche Gedanken schwirrten durch meinen Kopf. Ob ich da schon den Entschluss fasste, in die Ukraine zu gehen? Das kann ich klar mit Nein beantworten. Aber ich würde lügen, würde ich behaupten, dass ich nicht in diese Richtung dachte. Ich war Soldat. Panzergrenadier. Genau das, was dort gefragt war, so makaber das klingen mochte.

Die Bundeswehr sieht sich als Friedensarmee. Ausgebildet wurde ich für den Ernstfall. Das heißt für den Fall, dass der Frieden beschützt werden muss. Exakt darum ging es gerade in der Ukraine – und zwar nicht nur für die Ukraine. Also drängte sich diese Überlegung förmlich auf.

Am nächsten Tag, es war der Freitag nach Kriegsbeginn, hatte ich ein Erlebnis, das die Sache in meinem Kopf beschleunigte. Ein bisschen wie früher in der Schule, wenn wir im Chemieunterricht Experimente machten: Man brachte einen Stoff mit einem anderen zusammen, eine chemische Reaktion erfolgte – und ein neuer Stoff entstand. Nur dass es jetzt keine chemischen Stoffe waren, sondern Gedanken.

Das Ganze ereignete sich in der Innenstadt von Aachen, auf dem Marktplatz. Die Stadt hatte zu einer Friedenskundgebung aufgerufen, Tausende waren hingeströmt, der Platz quoll über vor Menschen. Bestes Wetter, sonnig, keine Wolke am Himmel, aber kalt. Ich hatte mich mit ehemaligen Klassenkameraden verabredet, wir waren zu sechst oder zu siebt. Als erste Rednerin stellte sich die Oberbürgermeisterin auf die Bühne. Ich weiß nicht, wer ihren Text fabuliert hatte, aber was sie den Leuten erzählte, bringt mich heute noch auf die Palme, wenn ich nur daran denke.

In Aachen würden die Fahnen der Demokratie und der Freiheit wehen. Die Menschen stünden entschlossen für Frieden in Europa ein – und zwar mit den Waffen des Dialogs und der Menschlichkeit. Damit würden wir uns auch gegen die Unmenschlichkeit der Aggression Putins stellen. Mit den Waffen des Dialogs und der Menschlichkeit! Na wunderbar, das also war ihr Vorschlag. Nachdem Scholz und andere Regierungschefs reihenweise im Kreml abgeblitzt waren und nun Cruise-Missiles in ukrainische Wohnblocks einschlugen, Zivilisten getötet wurden. Es ging so weiter: Die Friedensbewegung in unserem Land sei stark. Wir würden unsere Stimme erheben, bis wieder Frieden herrsche in Europa. Mir schwoll der Kamm, als ich das hörte. Frieden schaffen ohne Waffen, was für ein herrlicher Gedanke – wenn die Welt perfekt wäre. Ist sie aber nicht, war sie nie. Wie man in einer solchen Situation so denken konnte, ging es noch naiver? Als hätten sich die Politiker nicht lange genug dem Irrglauben hingegeben, alle Seiten wären an Frieden interessiert. Spätestens jetzt war das Gegenteil bewiesen. Nicht dass ich falsch verstanden werde: Ich bin auch für Frieden, unbedingt und am liebsten, ohne dass auch nur ein einziger Panzer rollen oder ein Jagdbomber in die Lüfte steigen muss. Ich bin aber nicht dafür, den Kopf in den Sand zu stecken und so zu tun, als wäre die Welt ein Wolkenkuckucksheim. Wie jedes Gesetz muss auch der Frieden verteidigt werden, notfalls mit Waffen. Und dieser Notfall war eingetreten, daran änderten alle schönen Worte nichts.

Die Worte der Oberbürgermeisterin änderten allerdings etwas anderes. Der Vergleich mit den Experimenten damals im Chemielabor: Ihre Gedanken, die sie auf dem Marktplatz kundtat, falls es ihre waren, prallten gegen die, die ich im Stillen seit Tagen in meinem Kopf bewegte. Und dieses Aufeinanderprallen löste etwas aus: eine chemische Reaktion, im übertragenen Sinn.

Bisher war es nur eine unscharfe, eher nebulöse Idee. Gewissermaßen das erste Aufflackern einer Idee, wie ein Gedankenblitz, der nicht mehr als eine Überschrift liefert, das Thema setzt, aber weder die Herangehensweise noch den Ansatz eines Plans beinhaltet. Jedenfalls: Noch während die Kundgebung im Gange war – nach der Bürgermeisterin sprachen andere Leute auf dem Podium –, dachte ich zum ersten Mal ganz konkret: Ich gehe in die Ukraine, ich muss dahin.

AUFRUF DES PRÄSIDENTEN

PRÄSIDIALAMT DER UKRAINE, KIEW

Appell an die Bürger ausländischer Staaten, die die Ukraine im Kampf gegen die russische Aggression unterstützen wollen

Am 24. Februar 2022, in den frühen Morgenstunden, startete Russland eine neue Militäroperation gegen die Ukraine. Dies ist eine ungerechtfertigte, kriminelle und zynische Invasion. Die russische Armee wendet eine sehr verabscheuungswürdige Taktik an. Die durch Raketen und Artillerie zerstörten Wohngebäude sind das letzte Argument für die Welt, sich uns anzuschließen, um die Invasion der Besatzer zu stoppen.

Die Ukrainer haben ausreichend Mut, ihre Heimat zu verteidigen, Europa zu verteidigen und die zivilisatorischen Werte zu verteidigen. Es handelt sich jedoch nicht nur um eine russische Invasion in der Ukraine, sondern um den Beginn eines Kriegs gegen Europa. Gegen die Einheit Europas. Gegen elementare Menschenrechte in Europa. Gegen alle Regeln des Zusammenlebens auf dem Kontinent.

Der ukrainische Präsident Wolodymyr Selenskyj appellierte an alle Bürger ausländischer Staaten, die Freunde der Ukraine sind. Jeder, der sich an der Verteidigung der Sicherheit Europas und der Welt beteiligen möchte, kann kommen und Schulter an Schulter mit den Ukrainern gegen die Eindringlinge des 21. Jahrhunderts kämpfen.

Gemäß der Verordnung über den Militärdienst von Ausländern und Staatenlosen in den Streitkräften, die durch den Erlass des Präsidenten der Ukraine Nr. 248 vom 10. Juni 2016 genehmigt wurde, haben Ausländer das Recht, auf freiwilliger Basis den Streitkräften der Ukraine, einschließlich der Territorialen Verteidigungsstreitkräfte, beizutreten und einen Militärdienst auf Vertragsbasis zu leisten.

In diesem Zusammenhang lädt die ukrainische Führung alle Ausländer ein, die sich dem Widerstand gegen die russischen Besatzer anschließen und die globale Sicherheit schützen wollen, in die Ukraine zu kommen und den Territorialen Verteidigungskräften beizutreten. Es wird eine eigene Einheit aus Ausländern gebildet – die Internationale Legion der Territorialen Verteidigung der Ukraine.

Dies wird der wichtigste Beweis für Ihre Unterstützung für unser Land sein.

Um der Internationalen Legion beizutreten und um alle Einzelheiten zu erfahren, wenden Sie sich bitte an den Verteidigungsattaché der ukrainischen Botschaft in Ihrem Land (Kontaktinformationen finden Sie auf der Website der Botschaft).

Geben wir dem Frieden eine Chance, verteidigen wir die Ukraine, und stoppen wir gemeinsam die Besatzer!

(übersetzt aus dem Ukrainischen)

ABSCHIED

DÜSSELDORF/STOLBERG, NORDEIFEL

Ich war nicht verheiratet, hatte keine Freundin, keine Kinder – und, wenn ich ehrlich war, auch gerade keinerlei Verpflichtungen. Meine Bundeswehrzeit war seit drei Tagen beendet. Ich war sozusagen ein freier Mann, in jeglicher Hinsicht. Das war gut und das war schlecht, aber es war, wie es war. Es lag allein in meiner Verantwortung, das zu tun, was ich für richtig hielt, dafür einzutreten, wozu ich mich berufen fühlte, mit allen Konsequenzen, die das mit sich bringen würde. Das Entscheidende aber war, dass ich über die Ausbildung eines Soldaten verfügte und mich aufgrund meiner Fähigkeiten, die ich beim Bund, bei den Panzergrenadieren, erworben hatte, in der Lage sah, einen Beitrag zu leisten – Schützenhilfe kann man sagen.

Ungefähr das waren meine Überlegungen, die aus dem Vorsatz schließlich einen Plan entstehen ließen. Bei der Demo in Aachen hatte ich mich noch gefragt, wie ich das Ganze angehen könnte. Zwei Tage später stieß ich auf einen britischen Podcast, in dem über den Hilfeaufruf des ukrainischen Präsidenten und die Gründung der Internationalen Legion gesprochen wurde. Ich googelte, fand einige Informationen dazu und wusste durch Selenskyjs Aufruf nun, in welche Richtung ich gehen musste.

Also googelte ich weiter: Wo gibt es ein ukrainisches Konsulat? Das nächstgelegene befand sich in Düsseldorf, ein Generalkonsulat.

Wie kriegt man Kontakt zu den Leuten dort? Ich fand eine Telefonnummer, erreichte aber niemanden. Dann versuchte ich es per Mail, war nach einem Tag jedoch zu ungeduldig, noch länger auf eine Antwort zu warten. Ich startete einen neuen Versuch, diesmal über den Facebook-Messenger. Und siehe da, ich bekam eine Mailadresse, an die sollte ich meine Daten schicken, dann würde sich jemand melden. Aber es meldete sich niemand, nicht schnell genug, oder meine Geduld reichte wieder nicht. Also erneut Kontaktaufnahme über den Messenger. Die andere Seite entschuldigte sich, man müsse technisch gerade irgendetwas umstellen, ich solle am besten persönlich im Konsulat vorbeischauen, meine Ausweisdokumente und die Unterlagen von der Bundeswehr mitbringen, dann könne direkt alles geregelt werden.

Verständlich, dass der Krieg die Arbeit im Konsulat durcheinanderwirbelte. Der einsetzende Flüchtlingsstrom und alles andere. Trotzdem fragte ich mich zwischendurch, ob sie es womöglich mit Absicht so kompliziert machten. Sozusagen als erste Vorauswahl, damit sie sahen, wer es wirklich ernst meinte. Jedenfalls hatte es den Effekt, dass mir klar wurde, dass es meinerseits nicht bloß ein Spleen war.

Womit ich nicht sagen will, dass mein Vorhaben da bereits in Stein gemeißelt gewesen wäre. Es gab durchaus Momente, in denen ich schwankte oder zumindest ins Grübeln geriet. Und davon nicht wenige, was unter den Umständen vermutlich völlig normal war. Man darf nicht vergessen, ich kam aus einer Befehlsstruktur. Beim Bund war jede Stunde des Tagesablaufs vorgegeben. Was ich zu tun oder zu lassen hatte, wurde mir befohlen. Dagegen fühlte sich das, was ich jetzt machte, an, als würde ich etwas Verbotenes aushecken, das man besser geheim hielt.

Aber das war nicht der einzige Grund, warum ich niemanden in meinen Plan einweihte, nicht meine Eltern, nicht meine Schwester, selbst meinen engsten Freunden verriet ich kein Wort. Ich wollte es nicht an die große Glocke hängen, bevor nicht sicher war, dass ich den Schritt auch wirklich gehe. Hätte auch sein können, dass es plötzlich doch nicht möglich wäre oder dass die mich nicht wollten. Oder dass mich irgendetwas anderes ausgebremst hätte. Es gab noch so viele Unklarheiten. Also hielt ich besser meine Klappe. Abgesehen davon, konnte ich mir ausmalen, dass meine Eltern nicht begeistert sein würden. Sie hätten das niemals verstanden und alles darangesetzt, mich umzustimmen.

Ich machte mich also allein auf den Weg nach Düsseldorf. Mit meinem Škoda Fabia, Sportversion Monte Carlo, schwarz, ein Kombi. Im Notfall kann man darin schlafen, deswegen hatte ich mir so einen geholt. Ziel war die Immermannstraße, dort ist das Konsulat, mitten in Little Tokyo, dem japanischen Viertel zwischen Hauptbahnhof und Königsallee. Das Gebäude war nicht zu übersehen, ein schlichter Bürobau, sieben Stockwerke. Ich nahm den Fahrstuhl in die sechste Etage. Wieder hatte ich das Gefühl, etwas Verbotenes zu tun. Vielleicht einfach nur, weil niemand von denen, die mir nahestanden, wusste, dass ich hier war – und warum.

Im Wartezimmer ein Paar mit einem kleinen Kind, anscheinend Ukrainer. Ich grüßte, sie grüßten. Dann Schweigen. Ich fragte mich, ob sie aus ihrem Land geflüchtet waren. Hatte Bilder aus dem Fernsehen vor Augen. Ein paar Tausend waren bereits in Deutschland angekommen. Das Kind, ein Mädchen, wirkte nicht verängstigt. Doch was wusste ich schon? Wie verhielt sich jemand, der vor dem Krieg geflohen war?

Irgendwann kreuzte ein Konsulatsmitarbeiter auf. Jeans und Hemd, nicht so förmlich, wie ich es mir vorgestellt hatte. Er sprach fließend Deutsch, war freundlich. Ich sollte mich in eine Liste eintragen. Name, Vorname, Anschrift und so weiter, in die letzte Spalte ein Autogramm. Schnell überflog ich die Liste. Die meisten Zeilen waren in kyrillischer Schrift ausgefüllt. Dazwischen ein paar deutsche Namen, aber keiner, der mir bekannt vorkam.

Dann lotste er mich in ein kleines Büro, wo ein anderer Mitarbeiter saß. Der schien erfreut, jemanden vor sich zu haben, der seinem

Land helfen wollte. Ich hatte eine Mappe mit Unterlagen von der Bundeswehr mitgebracht: Bescheinigung der Dienstzeit, welche Ausbildungen ich absolviert habe, besondere militärische Qualifikationen, der Einsatz in Afghanistan – all das, wovon ich angenommen hatte, es wäre wichtig, um sich ein Bild von mir und meinen soldatischen Fähigkeiten machen zu können. Es sollte sicher niemand an die Front geschickt werden, der noch keine Waffe in der Hand gehabt hatte. Aber nichts davon wollte er sehen. Er meinte, ihm genügten mein Name und meine Passdaten. Der Papierkram solle möglichst gering gehalten werden. Die Leute vor Ort würden dann schon entscheiden, wo sie mich am besten einsetzten. Später hörte ich, es hätte für die Freiwilligen, die sich für den Kampf in der Ukraine meldeten, einen Sortierungsprozess und Backgroundchecks gegeben. Bei mir jedenfalls war das nicht so.

Wir redeten noch ein bisschen, was meine Motivation betraf, auf welchem Weg ich in die Ukraine reisen wolle und wann es losgehen solle. Das Ganze dauerte wenige Minuten. Am Ende überreichte er mir einen Zettel, eine Art Anfahrtsbeschreibung mit dem Grenzübergang, den ich ansteuern sollte, und einer Adresse am Zielort:

Okko-Tankstelle
Lwiwska Straße 25
Nowojavoriwsk, Oblast Lwiw, 84054

Dort würden sich Recruiter meiner annehmen und alles Weitere organisieren. Auf dem Zettel fand sich auch eine ukrainische Telefonnummer, aber nirgends stand ein Name, kein Ansprechpartner – insgesamt alles etwas kryptisch. Wirklich: Treffpunkt Tankstelle? Ich hätte erwartet, dass man sich in einer Kaserne oder zumindest bei der städtischen Verwaltung, im Rathaus oder so, einfinden sollte. Und dass ich dafür eine Bescheinigung in die Hand gedrückt bekäme, dass ich auf dem Konsulat war und meine Daten überprüft wurden. Aber vielleicht musste man in solchen Zeiten konspirativ agieren und nicht jedem gleich alles auf die Nase binden. Ich hätte auch ein Spion sein können. Oder ging da gerade die Fantasie mit mir durch?

Apropos, ein Wort zum Rechtlichen: Dazu hatte ich mich natürlich vorher schlaugemacht, soweit man da als Laie durchblickte.

Dass ich als Soldat der Bundeswehr nicht für ein anderes Land oder dessen Armee hätte kämpfen dürfen, wusste ich. Aber nun war ich Zivilist, und dafür findet sich in unseren Gesetzen kein spezieller Paragraf, der festlegen würde, was geht und was nicht. Hier muss man sich aus der anderen Richtung nähern, nach der Devise: Was nicht verboten ist, ist erlaubt.

Da kein Gesetz existiert, das deutschen Staatsangehörigen verbietet, ihr Land zu verlassen, um sich anderswo an bewaffneten Auseinandersetzungen zu beteiligen, ist das schon mal keine strafbare Handlung, also grundsätzlich nicht verboten. Auch im Völkerrecht, das das Verhältnis zwischen einzelnen Staaten regelt, ist kein solches Verbot verankert. Im Gegenteil, laut UN-Charta, dem Gründungsvertrag der Vereinten Nationen, gibt es sogar ein Menschenrecht auf Ausreise. Demnach kann jeder sein Land verlassen und wieder dorthin zurückkehren, aus welchen Gründen auch immer. Ebenso ist es kein Gesetzesverstoß, sich im Ausland freiwillig staatlichen Militärorganen anzuschließen. Problematisch wird das jedoch, wenn man neben der deutschen eine zweite Staatsbürgerschaft besitzt. Angenommen, es wäre die ukrainische: Würde man dann dort den Streitkräften beitreten, wäre die deutsche Staatsangehörigkeit futsch. Besitzt man allerdings nur die deutsche und entscheidet sich, für die Ukraine zu kämpfen, wie ich das beabsichtigte, hat es keine rechtlichen Auswirkungen. Dadurch würde Deutschland auch nicht zur Kriegspartei, nicht solange man als einzelne Privatperson diesen Weg beschreitet. Anders sähe es aus, würden hierzulande bewaffnete Freiwilligentrupps aufgestellt und in die Ukraine geschickt werden.

Kurz nach Selenskyjs Aufruf hatte unsere Regierung verkündet, deutsche Staatsbürger, mit Ausnahme polizeibekannter Extremisten, würden nicht daran gehindert, in den Krieg zu ziehen – und zwar unabhängig davon, ob man sich für die ukrainische oder für die russische Seite entscheide. Sozusagen gleiches Recht für alle. Was nur beweist, dass Recht nicht zwangsläufig Gerechtigkeit bedeuten muss. Wenn unstrittig ist (und das dürfte es sein, außer freilich in den Köpfen von Putin und seinen Gefolgsleuten), dass der Einmarsch in die Ukraine und überhaupt der Krieg gegen Völkerrecht verstößt, wenn russische Truppen Kriegsverbrechen begehen, indem sie Wohnhäuser von Zivilisten bombardieren oder diese einfach auf der Straße über den Haufen knallen – wie kann es dann rechtens sein, sich daran zu beteiligen? Hier ließe sich vermutlich argumentieren, dass es erst mal nur um die Ausreise an sich geht und alles andere juristisch gesondert zu bewerten sei. Tatsächlich muss jeder, der Kriegsverbrechen begeht, nach seiner Rückkehr mit der Strafverfolgung durch deutsche Behörden rechnen, vorausgesetzt, sie bekommen Wind davon.

Ganz schön kompliziert. Sollen sich doch besser die Experten damit herumschlagen, dachte ich. Mir ging es lediglich darum, sicher zu sein, dass ich mich nicht strafbar machte. Das wäre ein Grund gewesen, die Sache abzublasen. Eine rechtliche Grauzone zu nutzen, schien mir in Ordnung, darauf würde ich mich einlassen. Auf einen wissentlichen Gesetzesverstoß allerdings nicht. Gesetze und Vorschriften haben in meinem Kosmos eine Bedeutung, auch wenn ich nicht alle gut und richtig finde. Da bin ich, trotz meines jungen Alters, recht konservativ gestrickt. Nicht im Sinne von vergangenheitsduselig, sondern in Bezug darauf, dass ich Werte wie Recht und Ordnung einfach wichtig finde.

Von Düsseldorf fuhr ich wieder in die Heimat zu meinen Eltern. Ich musste mich ganz schön zusammenreißen, mir nichts anmerken zu lassen. Man ist vor einer stinknormalen Urlaubsreise schon aufgekratzt, und ich wollte in den Krieg. Wie soll ich's beschreiben? Ich stand unter Strom, war elektrisiert, ein bisschen wie ein Kessel, in dem Wasser brodelt. Ich hätte gern etwas Luft abgelassen, den Deckel gelüftet, mit jemandem geredet, aber das schien mir nach wie vor nicht klug. Ich wollte keine Diskussionen führen, vor allem wollte ich nicht, dass mich jemand zurückhielt. Es war nun kein Hirngespinst mehr, keine Flamme, die nur kurz aufloderte und vom kleinsten Windstoß ausgeblasen wurde. Ich war wild entschlossen. Und ich wusste jetzt, wie es funktionierte, wo ich hinmusste. Am liebsten hätte ich sofort meine Sachen gepackt und wäre losgedüst.

Nur ging das leider nicht. Erst musste ich noch einen Umzug organisieren, um meine Wohnung in Augustdorf freizumachen, gekündigt hatte ich sie schon. Da tobte der Krieg, es starben Menschen, und ich beschäftigte mich hier mit solchen banalen Sachen. Dinge, über die man sich sonst keine Gedanken machte, bekamen plötzlich eine andere Bedeutung. Zeit bekam eine andere Bedeutung. Ich versuchte, meinen Vater zu überreden, den Umzug so schnell wie möglich über die Bühne zu bringen – ohne ihm den wahren Grund zu verraten. Er sollte mir helfen, Mutter auch. Sie wussten, dass der Mietvertrag erst Ende des Monats auslief. Ich saß wie auf heißen Kohlen, markierte vor ihnen aber den entspannten Sohn. Wobei ich nicht weiß, wie gut mir das gelang. Jeder Tag, der verstrich, ohne dass ich etwas tun konnte, das meinen Plan voranbrachte, fühlte sich an wie die reinste Zeitverschwendung.

Dann endlich machten wir den Umzug. Und gleich am nächsten Tag weihte ich einige meiner Freunde ein. Irgendwann musste ich es tun. Mich zu verdrücken, ohne ihnen reinen Wein einzuschenken, das wäre nicht fair gewesen. Immerhin konnte es sein, dass wir uns zum letzten Mal sahen, ich meine: für immer. Obwohl das kein Thema war. Ich kann nicht sagen, was in den Köpfen der anderen ablief, aber das Wort »Tod« nahm keiner in den Mund. Für Außenstehende ist das vielleicht schwer zu verstehen. Ich erkläre es mir damit, dass man in unserem Alter normalerweise nicht über den Tod spricht. Die Jugend fühlt ich unsterblich, den Spruch kennt jeder. Und da ist schon was dran. Nicht, dass man das Thema bewusst vermeidet, man hat es einfach nicht auf dem Schirm. Wie etwas, das einen nicht betrifft. Kann natürlich sein, dass es in dieser speziellen

Situation tatsächlich niemand ansprechen wollte, obwohl es ihm auf der Zunge lag. Um kein böses Omen heraufzubeschwören oder warum auch immer. Ich war jedenfalls nicht traurig darüber.

Erstaunlicherweise machte auch keiner Anstalten, mir mein Vorhaben auszureden. Oder es war gar nicht so erstaunlich – die Jungs kennen mich eben gut. Ich wollte mit ihnen keinen Debattierklub eröffnen, die Entscheidung war gefallen, das schien allen klar zu sein. Sonst hätte ich nicht angefangen, davon zu erzählen. Einer sagte: »Krass!« Ein anderer: »Hut ab, ich könnte das nicht.« Und ein Dritter: »Pass bloß gut auf dich auf!« Das war die Bandbreite, in der sich auch alle anderen Bemerkungen bewegten. Weil sie echte Freunde sind, bestärkten sie mich und meinten, sie fänden es gut, dass ich für die Ukraine ins Feld ziehe. In dieser Hinsicht gab es keine zwei Meinungen, für jeden von ihnen stand ich auf der richtigen Seite. Ihre Sympathie lag ganz klar bei den Ukrainern.

Gegenüber meinen Eltern und meiner Schwester hüllte ich mich weiter in Schweigen, zumindest was meine wahren Absichten betraf. Da der Tag der Abreise nun jedoch unweigerlich näher rückte und ich mich schlecht einfach ins Auto setzen und verschwinden konnte, verriet ich ihnen den ersten Abschnitt meiner Tour – und dass ich überhaupt eine vorhatte. Ich sagte, ich würde am kommenden Sonntag nach Polen fahren, meinen Kumpel Marcus besuchen. Marcus gehört zu unserer Clique. Wir waren in einer Klasse. Er studiert in Krakau International Business Study. So ein Ausflug schien mir unverdächtig, und es war nicht gelogen. Ich wollte tatsächlich bei ihm vorbeischauen, hatte mich schon angemeldet. Dafür würde ich nicht mal einen Umweg machen müssen, Krakau lag auf der Strecke. In einem Ritt hätte ich mir die 1500 Kilometer bis zu der Tankstelle in der Ukraine – die hatte mir Google Maps angezeigt – sowieso nicht angetan. Was mich erwartete, würde noch anstrengend genug werden. Ich stellte mir Kriegsszenen wie im Donbass vor, dass ich wochenlang in Gräben hausen und Nächte unter freiem Himmel verbringen müsste, und das bei jedem Wetter. Und unter Feuerbeschuss.

Dann war der Sonntag da, der 13. März 2022. Dieses Datum hat sich bei mir eingebrannt. Tags zuvor hatte ich den Škoda vollgetankt und in meinem Zimmer alles bereitgestellt, was ich mitnehmen wollte, verstaut in einem Rucksack und zwei Bundeswehr-Seesäcken. Hauptsächlich Sachen, die noch von meiner Zeit beim Bund stammten: Felduniform, Kälteschutzklamotten, ballistische Schutzplatten, mein Chest Rig, Feuerzeuge, Kocher und eine Ladung MREs. Das sind sogenannte Feld- oder Überlebensrationen. Die Abkürzung steht für Meal, Ready-to-Eat. Davon habe ich immer welche im Auto, für Notfälle, man weiß ja nie: entweder MREs oder Einmannpackungen. Das ist die deutsche Variante, ausgelegt für die Versorgung über den ganzen Tag, einschließlich Snacks und Getränken. Allein zu einer Mittagsmahlzeit gehören Vorspeise, Hauptgericht und Dessert. Alles, was da drin ist, soll mindestens zehn Jahre haltbar sein, manche behaupten sogar dreißig.

Es war relativ früh am Morgen, zu früh für einen Sonntag. Meine Eltern waren noch im Schlafzimmer. Ich klopfte, ging hinein und meinte, ich würde jetzt losfahren, zu Marcus, nach Polen. Es sollte möglichst beiläufig klingen, als würde ich nur kurz zum Bäcker rüberhuschen, was natürlich absurd war. Die beiden guckten mich an, und mein Vater, der anscheinend den siebten Sinn hatte, stellte gleich die entscheidende Frage: »Okay, wann kommst du denn wieder?«

Ich schätze, ich hatte die Situation, die dadurch entstand, vorher nicht einkalkuliert, zumindest nicht bis zu Ende gedacht. Ich meine, mir war schon klar, was passieren würde, wenn ich mit der Wahrheit um die Ecke komme. Ich hatte nur gehofft, dass ich es kurz und knapp hinter mich bringen könnte, damit keine Diskussion entstand und kein Drama daraus wurde.

»Also … ja«, fing ich an zu stottern, »also, ich … na ja … ich komme erst mal gar nicht wieder …«

»Wieso?«

Vier Augen klebten an mir, als wäre ich eine Marienerscheinung oder etwas anderes Wundersames. Ich ahnte, dass sich die Verabschiedung doch etwas hinauszögern könnte.

»Also, ich gehe in die Ukraine«, sagte ich leise, aber mit fester Stimme. Ich hoffte, dass sie fest klang, auch meinetwegen. Ich wollte nicht zulassen, dass sich Zweifel in mir breitmachten.

»Was … ???«

»Ja, ich schließe mich den Streitkräften an, ich werde dort kämpfen …«

»Nein, Junge! Um Himmels willen, Jonas, nein!« Meine Mutter sprang auf, das Entsetzen stand ihr ins Gesicht geschrieben. »Junge, das ist Wahnsinn, das meinst du doch nicht ernst?!«

»Doch, ich will das … ich mach das. Ich hab mich dafür entschieden, das ist mein Weg.«

Mein Vater, der sich ebenfalls aufgerichtet hatte, schüttelte den Kopf, nicht erst jetzt, schon seit ich das Wort »Ukraine« in den Mund genommen hatte. Er lachte bitter, so ein kurzes Lachen, das nicht wirklich ein Lachen war und gleich wieder erstarb: »Hab ich's doch gewusst … Ich hab's gewusst!«

Mutter weinte und redete auf mich ein, um mich von meinem Plan abzubringen. Vater weinte nicht. Sein kurzes, bitteres Lachen blieb zwischen uns stehen wie ein Vorwurf.

Als es Zeit wurde aufzubrechen – wir drei waren inzwischen in der Küche –, stiefelte ich in mein Zimmer, warf mir den Rucksack über, schnappte die Seesäcke, brachte sie nach draußen und verstaute alles im Auto. Der Schwarze stand auf dem Hof unter dem Carport. Von dort überblickt man eine weite Kuhwiese.

Anschließend ging ich zurück ins Haus, versuchte, möglichst an nichts zu denken, auch für mich war es nicht leicht. Zum Abschied nahm ich meine Mutter in die Arme, roch den vertrauten Geruch ihrer Haare und sagte, alles würde gut werden, spätestens im Juli sei ich wieder hier. Viel mehr kriegte ich nicht heraus. Ich kämpfte selbst mit den Tränen, schaffte es aber, sie zu unterdrücken. Ich glaube, bei unserem letzten Blick lächelte ich sogar. Ich versuchte es.

Auch meinen Vater umarmte ich kurz. Dann ließ ich die beiden zurück, ging hinaus auf den Hof, setzte mich ins Auto und fuhr los.

In meinem Zimmer, auf dem Tisch, hatte ich einen Brief und eine Mappe mit Unterlagen zurückgelassen für den Fall, dass mir etwas zustoßen sollte. Auf dem Umschlag stand: »Nur in meinem Todesfall zu öffnen«.

Darin befand sich ein kariertes DIN-A4-Blatt, zweimal gefaltet, mit Anweisungen, die ich bat zu erledigen, sollte ich nicht zurückkehren. Den meisten Platz nahm eine Liste mit Namen ein – meine engsten Freunde, die zu benachrichtigen wären. Am Ende meiner Worte hatte ich geschrieben: »Ich danke und liebe euch sehr. Auf dass wir uns an der Seite Gottes wiedersehen.«

GO EAST

UNTERWEGS/KRAKAU/JAWORIW

Die ersten hundert Kilometer waren die schlimmsten. In meinem Kopf tickerte es unentwegt. Ich führte Zwiegespräche mit mir selbst. Eigentlich war es auch nur eines, das nicht enden wollte, höchstens für eine Weile unterbrochen wurde, wenn ich es hinbekam, mich von der Musik meiner Playlist ablenken zu lassen, die ich beim Autofahren immer laufen habe. Hauptsächlich Mainstage, das meiste Disco-Remakes und Cover. Aber auch Hardbass. Lässt man sich auf diese Musik ein, bleibt kaum Raum für tiefschürfende Gedanken. Sie trägt einen irgendwie weg, die schnellen Beats hämmern den Kopf frei. Nur funktioniert das leider nicht immer, und an dem Tag klappte es nicht so gut. Offenbar war da zu viel, das ich erst mal mit mir austragen musste.

Ich verbürge mich nicht für jedes einzelne der folgenden Worte. Nehmen wir das Ganze als Gedächtnisprotokoll. Damals wusste ich nicht, dass ich das alles mal aufschreiben würde. Es geht um die grundsätzlichen Gedanken, den inneren Widerstreit. Darum, wie es in mir hin und her wogte, während ich fuhr, mutterseelenallein, und mich Kilometer um Kilometer von zu Hause entfernte …

»Hast du dir das wirklich gut überlegt?«

»Ja, hab ich.«

»Du weißt, dass es in die Hose gehen kann?«

»Ist mir bewusst.«
»Willst du dein Leben einfach so wegwerfen?«
»Natürlich nicht, bescheuerte Frage.«
»Aber du kannst dabei draufgehen.«
»Kann ich hier auch, auf der Stelle. Kann ich überall.«
»Das ist nicht dasselbe.«
»Na ja, am Ende schon.«
»Du weißt, was ich meine.«
»Mir kann jeden Moment so ein Scheiß-LKW reinkrachen. Keiner weiß, was morgen ist.«
»Willst du nicht doch umdrehen?«
»Nein!«
»Bist du dir sicher?«
»Ja, verdammt, bin ich!«
»Denk mal an deine Mutter. Ihre Tränen. Ihren traurigen Blick.«
»Das geht vorbei.«
»Sie wird sich Sorgen machen. Jeden einzelnen Tag wird sie leiden.«
»Hör auf! Sie wird's überstehen, wird sich daran gewöhnen. So lange ist es nicht – zwei, drei Monate.«
»Du könntest jetzt zurückfahren, du bist noch nicht weit.«
»Will ich aber nicht.«
»Ihr würde ein Stein vom Herzen fallen.«
»Mag sein.«
»Stell dir ihre Augen vor, wenn du plötzlich wieder in der Tür stehst.«
»Schluss damit!«
»Also zurück?«
»Ich weiß nicht. Ich könnte ihr wenigstens in Ruhe erklären, warum ich das mache.«
»Dann fahr an der nächsten Ausfahrt raus.«
»Sie wird's nicht verstehen, egal was ich sage. Wie damals, als ich zum Bund ging.«

»Krieg ist was anderes.«
»Deswegen wird sie's erst recht nicht verstehen.«
»Die Ukrainer brauchen Hilfe. Sie guckt Nachrichten.«
»Sie wär nicht mal dafür, wenn die Russen uns angreifen würden. Sie ist eine Mutter. Mütter schicken ihre Kinder nicht an die Front.«
»Trotzdem. Es ist nicht ihre Entscheidung. Ich muss tun, was ich für richtig halte. Es ist mein Leben.«
»Das Schild, siehst du das? Da vorn kommt eine Ausfahrt.«
»Schlaf ich, oder was?«
»Ich mein ja nur, das kann ein Zeichen sein.«
»So ein Quatsch.«
»Fahr runter!«
»Vielleicht sollte ich wirklich.«
»Mach's!«

Eventuell fuhr ich eine Weile etwas langsamer, nahm kurz den Fuß vom Gas, das kann sein, aber ich bremste nicht, ich verließ nicht die Autobahn, und ich hielt auch nicht an einer Raststätte. Nicht nach zwanzig Kilometern, nicht nach fünfzig, nicht nach hundert. Ich hielt den Kurs wie ein Steuermann auf hoher See, den nichts erschüttern konnte. Immer ostwärts, go east, die A4 entlang, dann Abschnitte auf der A45, der A480 und der A5, bis es wieder auf der A4 weiterging. In Wahrheit war es ein ganz schöner Kampf. Doch jeder Kilometer, den ich hinter mir ließ, fühlte sich an wie ein kleiner Sieg. Darauf versuchte ich mich zu konzentrieren. Und auf den guten Gedanken, dass ich das Richtige tat. Irgendwann half dann auch die Musik.

Landschaften zogen vorüber. Stunde um Stunde verging. Den ersten Stopp erlaubte ich mir, als das Tanklicht anging, irgendwo in Ostdeutschland, in Thüringen oder Sachsen. Ich steuerte die nächste Raststätte an, hielt neben einer Tanksäule und schaltete den Motor aus. Die Musik verstummte. Stille kann manchmal laut sein, jetzt kam es mir so vor. Ich hatte mir während der Fahrt vorgestellt, dieser

Moment könnte schwierig werden. Anhalten, sich der Distanz bewusst werden, in beide Richtungen – schon weit weg, aber längst nicht am Ziel. Auf solchen Raststätten kann man sich verdammt einsam fühlen, wie aus Raum und Zeit gefallen, irgendwie verloren.

Und natürlich meldete sich die hinterhältige Stimme aus dem Off: Bis hierher war es ein ganz netter Sonntagsausflug, mein Lieber, aber nun wird's langsam Zeit, den Kurs zu ändern und umzukehren. So in der Art. Aber ich war vorbereitet, schob den Gedanken gleich wieder beiseite, tankte, stattete den Toiletten einen kurzen Besuch ab, dann fuhr ich weiter.

Irgendwann, das kann auch bereits vor dem Tankstopp gewesen sein, meldete sich ein Arbeitskollege meiner Schwester, mit dem sie befreundet ist, auf dem Handy. Ich war einigermaßen überrascht, seinen Namen zu hören.

Wir hatten uns ein paarmal unterhalten, er kam hin und wieder zu Besuch, ich fand ihn auch nicht unsympathisch, aber ich hätte nicht gesagt, dass wir uns gut kannten oder sogar nahestanden. Offenbar hatte meine Mutter in ihrer Verzweiflung meine Schwester angerufen und sie dann ihn. Wahrscheinlich in der Hoffnung, dass ihm etwas einfiel, mich aufzuhalten. Meine Schwester musste an dem Tag arbeiten. Für sie war die Nachricht, dass ihr Bruder sich auf dem Weg in die Ukraine befand, auch neu. Ich sagte ja schon, wir beide vertrugen uns wie Hund und Katze. Das hat sich inzwischen geändert, aber damals war es noch so.

Ihr Kollege, er wird an anderer Stelle noch einmal auftauchen, redete mir kräftig ins Gewissen. Er habe früher selbst im Nahen Osten gekämpft und das nicht als die beste Erfahrung seines Lebens verbucht. Dass ich mich für die Menschen in der Ukraine einsetzen wolle, finde er gut. Aber dazu müsse ich nicht an der Front kämpfen, ich könne ebenso gut humanitäre Hilfe leisten, dafür würden auch dringend Leute gebraucht. Was ich ihm bis heute hoch anrechne: Er meinte, falls ich an meiner Entscheidung festhalten sollte, würde er mich unterstützen, so gut er könne. Ich könne ihn jederzeit anrufen,

Tag und Nacht, und wenn ich etwas bräuchte, würde er es mir notfalls bis in die Ukraine bringen.

Am späten Abend erreichte ich Krakau. Marcus wohnt etwas außerhalb in einem Plattenbau am Stadtrand, abgeranzt grau, der Block. Ein Studentenwohnheim. Ich hatte über 1100 Kilometer weggeschrubbt und spürte jetzt, wie erschöpft ich war. Wir hockten in seinem WG-Zimmer, tranken Bier, knabberten Nüsse und redeten über alles, was uns in den Sinn kam. Marcus schwärmte von den hübschen Mädchen in Polen. Ich berichtete das Neueste aus der Heimat, von den Leuten aus unserer Clique und was sich dort sonst noch tat. Nichts Weltbewegendes. Zwei Jungs, die aus dem gleichen Stall kamen und sich lange nicht gesehen hatten. Auf die Situation in der Ukraine kamen wir natürlich auch zu sprechen. Ich war gleich bei der Begrüßung damit rausgerückt, dass ich nur auf der Durchreise sei. Verrückt, dass der Krieg einem selbst hier noch weit weg vorkam. Dabei waren es kaum 270 Kilometer bis zur Grenze.

Der Eindruck änderte sich, als wir am nächsten Morgen zum Frühstücken in die Altstadt fuhren, in die Nähe der Tuchhallen am Marktplatz und der Marienkirche, die alles überragt. Wir hatten ausgeschlafen, es ging bereits auf Mittag zu. Wo man hinschaute, überall US-Soldaten. Als befände sich die Stadt im Belagerungszustand. In Krakau gibt es einen NATO-Stützpunkt, der auf Spionageabwehr spezialisiert sein soll. Polen ist ein wichtiger Abschnitt der NATO-Ostflanke, das wusste ich noch von der Bundeswehr, aber diese Präsenz auf den Straßen beeindruckte mich dann doch. Andererseits: In dem Land waren inzwischen über 10 000 US-Soldaten stationiert. Zwei Wochen vor Putins Überfall auf die Ukraine war das Kontingent noch einmal erheblich aufgestockt worden. Die 82. Luftlandedivision der U.S. Army, die größte Luftlandetruppe der Welt – wohl auch die legendärste, sie kämpfte schon im Zweiten Weltkrieg, später in Vietnam, im Kosovo, in Afghanistan und im Irak –, hatte 4700 Einsatzkräfte nach Rzeszów verlegt. Der Ort liegt nur 170 Kilometer von Krakau entfernt, Richtung Osten, bei meiner Weiterfahrt auf der A4 würde ich daran vorbeikommen. Rzeszów ist für die Amerikaner und die NATO einer der bedeutsamsten Standorte in der Region, aktuell wahrscheinlich sogar der bedeutsamste – wegen der Nähe zur Ukraine, aber noch mehr wegen des dortigen Flughafens. Obwohl eigentlich ein ziviler Airport, werden über ihn mittlerweile mindestens achtzig Prozent der Waffen- und Hilfslieferungen in die Ukraine abgewickelt.

Bevor ich in der Nacht eingeschlafen war, hatte ich noch einen schwachen Moment, was möglicherweise am Bier lag. Oder an der Kombination aus Erschöpfung und Bier. Mir schwirrte allerhand durch den Kopf, wobei es nicht mal um den Krieg ging, jedenfalls nicht direkt. Marcus hatte mir das Leben in Krakau schmackhaft gemacht, schon wegen der Mädels. Ich dachte: Es ist so wunderbar entspannt hier, warum bleibe ich nicht ein paar Tage? Und anschließend könnte ich durchs Land cruisen, mir ein paar Städte angucken und das Leben genießen. Oder weiterfahren, durch Europa, in den Süden. Gerade war nicht das beste Wetter, graue Tage, doch bald würde der Frühling anfangen, und dann käme der Sommer. Wie man manchmal halt so träumt. Umso mehr, wenn man weiß, dass räudige Zeiten vor einem liegen.

Die letzten angenehmen Tage zu genießen und das Übel etwas hinauszögern – ich schätze, darauf lief es hinaus. Man könnte auch sagen, mein Gehirn spielte mir einen Streich. Denn einfacher machen es einem solche Träumereien nicht. Oder sollten sie die letzte Prüfung sein, damit klar wurde, ob ich wirklich für den nächsten Schritt bereit war?

Gut, dass solche Ablenkungen am Morgen vergessen waren. Spätestens der Anblick der US-Soldaten schärfte meinen Fokus wieder. Kein Gedanke mehr daran, umzudrehen und zurückzufahren. Oder irgendwohin auszuweichen. Ab jetzt gab es nur noch eine Richtung, auch im Kopf. Ich gönnte mir nicht mal eine kleine Sightseeingtour durch die Stadt, obwohl sich das sicher gelohnt hätte.

Also Abschied von Marcus, Abschied von Krakau. Dann war ich wieder auf der A4, die ganz Südpolen durchzieht, von West nach Ost. Erinnerungsstraße, Korridor der Migration, nicht erst heute, bereits im letzten Jahrhundert und im vorletzten wohl auch. In den Gegenden rechts und links der bituminierten Fahrbahn ist ungeheuer viel Geschichte passiert. Unweigerlich musste ich an Auschwitz denken. Gestern war ich an der Ausfahrt vorbeigekommen, eine knappe Stunde vor Krakau. Ich hatte es registriert, war aber zu müde gewesen, Erinnerungen wachzurufen. Das holte ich nun nach. Nicht weil ich es mir vorgenommen hatte, es geschah einfach. Die karge Landschaft setzte das Gedankenkarussell in Bewegung. Denn daran erinnerte ich mich zuerst. Weite Flächen, Felder, kleine Wälder, ab und zu eine unscheinbare Ortschaft. Sonst kam man an kaum etwas vorbei, das die Aufmerksamkeit auf sich gezogen hätte. Jetzt war es genauso wie damals in der elften Klasse, als wir nach Auschwitz fuhren, um das Konzentrationslager zu besichtigen. Auschwitz-Birkenau, die Gedenkstätte. Es war Herbst gewesen, ein düsterer Tag, was mir passend erschien. Wie wirkte ein solcher Ort bei Sonnenschein? Wie wirkte dieser Ort überhaupt? Wenn man wie wir in der Schule vorher über das Grauen gesprochen, davon gelesen hatte, das Grauen aber so grausam war, dass es sich der Vorstellungskraft entzog? Ich hatte damals keine Antwort darauf. Es war interessant, und es machte einen betroffen, aber ich war auch froh, von dort wieder wegzukommen. Vielleicht war das ja die Antwort.

Anderthalb Stunden später ein flüchtiger Blick auf besagten Flughafen bei Rzeszów, im Vorbeifahren, er war links von der Autobahn zu sehen. Die Grenze kam näher, besser gesagt: Ich kam der Grenze näher. Wenn ich mich jetzt zurückerinnere – da war kein Zweifel mehr, nicht der Hauch eines Gedankens, kurz vor dem Ziel eine Kehrtwendung hinzulegen. Die Anspannung stieg, das schon, aber wie hätte es auch anders sein können? Ich steuerte auf das Tor zum Krieg zu.

Dann kam Korczowa, ein winziges Dorf auf der polnischen Seite, nur einen Steinwurf von der Grenzmarkierung entfernt. Vielleicht 200 Meter, kaum mehr. Die letzte Möglichkeit, von der Autobahn abzufahren. Auf der anderen Seite das Motel Panorama. Einladend sah es nicht aus, aber es war eine Option. Doch nichts konnte mich stoppen.

Habe ich erzählt, dass ich Jäger bin? Ursprünglich wollte ich Sportschütze werden. Doch einer meiner Freunde, der sich wie ich für Waffen interessiert, brachte mich darauf, erst mal den Jagdschein zu machen. Er meinte, das gehe schneller. Außerdem dürften Jäger mehr Waffen besitzen. Zwei Handfeuerwaffen sind erlaubt und Langwaffen, also Gewehre, so viel man will und sich leisten kann. Als wir dann den Jagdkurs machten, war ich überrascht, wie viel Spaß ich daran hatte. Dabei ging es in dem Kurs am wenigsten um Waffen, sondern mehr um die Ausübung der Jagd. Warum sie notwendig ist, wie man dabei vorgeht, was man zu beachten hat, eben alles, was dazugehört. Seitdem bin ich Jäger, und das mit Leidenschaft.

Warum ich ausgerechnet an der Stelle darauf komme? Ich musste am Grenzübergang etwas warten, wurde aber ohne Schwierigkeiten auf die ukrainische Seite durchgelassen. Die polnischen Grenzer guckten sich mein Auto an, warfen einen Blick aufs Gepäck – und das war's schon. Bei den Ukrainern zog es sich länger hin, eine Stunde oder so. Aber viel gründlicher gingen sie auch nicht vor. Als ich ihnen meine Ausrüstung im Kofferraum zeigte und erklärte, warum ich gekommen war, drückten sie mir einen Stempel in den Pass und winkten mich weiter. Ein Visum brauchte ich nicht. Die ukrainische Regierung hatte für Ausländer, die sich der Internationalen Legion anschließen wollen, direkt nach Selenskyjs Hilfeaufruf die Visumfreiheit eingeführt – ausdrücklich ausgenommen waren russische Staatsbürger, das sind sie bis heute.

Wie ich dort also stand und meine Geduld pflegte, musste ich daran denken, dass ich zu Hause überlegt hatte, eine von meinen eigenen Waffen mitzunehmen, eine Sig Sauer 716. Das ist ein leichtes Scharfschützengewehr, Halbautomatik, äußerst präzise, zugelassen für Sportschützen und Jäger. An der Front, hatte ich gedacht, wäre jede zusätzliche Waffe ein Segen. Und die Sig hätte sich wirklich als nützlich erweisen können. Ich ließ es dann doch bleiben – weil ich keine Lust hatte, wegen Waffenschmuggels im Knast zu landen. Selbst wenn ich bei der Einreise nicht aufgeflogen wäre, hätte ich immer noch das Problem gehabt, das gute Stück, das in der Grundausstattung, also ohne Zielfernrohr und andere sinnvolle Ergänzungen, knapp 3500 Euro kostet, eines Tages wieder aus der Ukraine herauszuschmuggeln. In diese Richtung wurde schärfer kontrolliert. Nicht ohne Grund, dazu komme ich später.

Ich vermute, die ukrainischen Grenzposten waren nicht traurig, als sie diesen anstrengenden Deutschen mit seinem Škoda endlich von hinten sahen. Es war nicht einfach, mit ihnen ins Gespräch zu kommen. Sie verstanden kein Englisch, ich kein Wort Ukrainisch. Außerdem wirkten sie überaus geschäftig, was bei dem Andrang an Fahrzeugen, die sie zu kontrollieren hatten, nicht verwunderlich war. Dutzende von Bussen, bis auf den letzten Platz besetzt, stauten sich auf den entgegenkommenden Spuren, um die Menschen aus dem Land zu bringen, in Sicherheit. Eine einzige Blechkarawane.

Im Vergleich zu den Bildern, die ich von den ersten Tagen der Flüchtlingswelle aus dem Fernsehen in Erinnerung hatte, schien es inzwischen wesentlich geordneter zuzugehen. Auf der polnischen Seite hatte ich kaum Menschen gesehen, keine, die mit ihrem Gepäck im Freien standen und nicht wussten, wo sie hinsollten. Offenbar wurden sie mit den Bussen direkt zum nächsten Bahnhof gebracht oder noch weiter.

Ich wollte natürlich trotzdem meine Fragen loswerden und versuchte es mit Händen und Füßen und Google Translator. Auch wenn ich ihnen dadurch etwas Mühe bereitete, war es, wie sich herausstellte, meinerseits nicht die dümmste Entscheidung. Denn die Adresse auf dem Zettel vom Konsulat in Düsseldorf, die mich zu den

Kontaktleuten der Internationalen Legion führen sollte, war inzwischen veraltet, wie mir einer der geduldigeren Grenzer erklärte. Es gebe eine neue Anlaufstelle, sagte der gute Mann und zeigte mir auf Google Maps, wo ich diese finden würde – in einem anderen Ort, ein Stück die Autobahn weiter, die nun M10 hieß, ungefähr zwanzig Minuten von hier.

Wenn mir die Landschaft auf dem letzten Abschnitt in Polen schon trostlos karg erschienen war, so wirkte sie auf dieser Seite noch um einiges karger. Als hätten fleißige Bühnenbildner die Kulisse gegen riesige graue Leinwände getauscht, die nicht einmal erahnen ließen, wo die Sonne stand. Überhaupt wirkte alles grau – der Fahrbahnbelag, der nun auch holpriger war, die Häuser der Dörfer, an denen ich vorüberkam, die Felder, selbst die Bäume mit ihren ersten Knospen. Dagegen bildeten die Tankstellen und Raststätten entlang der Strecke einen geradezu farbenfrohen Kontrast. Solche hätten auch in Deutschland stehen können. Was außerdem auffiel: Kaum eine Ortschaft, und wenn sie noch so winzig erschien, in der keine orthodoxe Kirche den Blick auf sich zog, nicht selten mit goldenem Kuppeldach, das aus dem Grau herausstach wie ein Leuchtfeuer und noch von Weitem zu sehen war. Vom Krieg nirgends eine Spur, keine zerbombten Häuser, nichts. Doch dieser Eindruck täuschte, wie ich sehr bald erfahren sollte.

Der Grenzer hatte mich nach Jaworiw geschickt. Eine kleine Stadt, etwas mehr als 10 000 Einwohner, die der umliegenden Ortschaften anscheinend mitgezählt, sie wirkte wie ein etwas größeres Dorf. Ich hielt vor einem Haus, das aussah wie ein Verwaltungsgebäude. Drei Stockwerke, ockerfarbene Fassade, hinter den Fenstern schienen Büros zu sein. Aber angehalten hatte ich, weil vor der Tür Soldaten standen, der Uniform nach Ukrainer. Ich sprach den erstbesten an. Der konnte mit meinem Englisch nichts anfangen, holte einen seiner Kameraden. Von dem erfuhr ich, dass ich kurz vor dem Ziel war. Noch ein Stück die Straße weiter, einen halben Kilometer etwa, dort sei der Treffpunkt für die Freiwilligen.

Ankunft in Jaworiw.

Tatsächlich konnte man ihn nicht verfehlen – so viele Leute, wie dort standen. Einige in Alltagsklamotten wie ich, die Masse aber trug Felduniform. Und viele dazu Schutzwesten und Rucksäcke, sodass es aussah, als wollten sie direkt an die Front. Nur die Waffen fehlten. Jetzt wird's ernst, dachte ich, parkte das Auto am Straßenrand und hielt Ausschau nach demjenigen, der hier das Kommando hatte.

Inmitten der Menschentraube entdeckte ich einen ukrainischen Offizier. Fast einen Kopf kleiner als ich, schwarze Haare, kantiges Gesicht, konzentrierter Blick. Er sprach Englisch. Als ich ihm sagte, ich wolle mich der Legion anschließen, war seine erste Frage: »Hast du Kampferfahrung?«

Da beim Militär nicht rumgelabert wird, fasste ich es so kurz wie möglich zusammen, etwa so: »Fünf Jahre Infanterie … Panzergrenadier … Bundeswehr … Einsatz in Afghanistan.« Außerdem zeigte ich ihm meine Entlassungspapiere, sämtliche Ausbildungsnachweise und Qualifikationsbescheinigungen – alles auf Deutsch, was aber kein Problem zu sein schien. Dafür etwas anders.

»Bist du mit dem Auto hier?«, wollte der Offizier wissen.

»Ja, gerade angekommen.«

»Das ist blöd. Du könntest sonst direkt mitfahren. Es kommt gleich ein Bus, der die Leute zur Basis bringt.«

»Mir wurde gesagt, das mit dem Auto sei okay.«

»Hier kannst du es nicht stehen lassen. Das wird geklaut, das siehst du nie wieder.«

Er riet mir, einen sicheren Platz für meinen Schwarzen zu suchen und am folgenden Tag wiederzukommen, dann würde der Bus den nächsten Schwung abholen.

Was soll's, dachte ich, dann eben morgen. Auf eine Nacht kam es jetzt auch nicht mehr an.

Blieb die Frage, wo ich einen sicheren Platz fürs Auto fand. Meine erste Idee war ein Hotel, das ich kurz hinter der Autobahnabfahrt gesehen hatte, Hotel Arta oder so ähnlich. Da gab es einen großen Parkplatz. An der Rezeption ein älterer Mann. Nachdem ich ihm mithilfe des Google Translator hatte verständlich machen können, dass ich für sein Land in den Krieg ziehen wolle und mein Auto so lange gern in Sicherheit wüsste, hatte er nichts dagegen, es dort stehen zu lassen, im Hotel sei immer jemand da.

Als kleine Gegenleistung hätte ich für die Nacht ein Zimmer buchen können. Doch warum unnötig Geld verjubeln? Ehrlich gesagt, kam ich gar nicht auf die Idee. Genau wegen solcher Gelegenheiten hatte ich mich für einen Kombi entschieden. Und so hockte ich später in diesem und stimmte mich schon mal auf unbequemere Zeiten ein, inklusive eines einsamen Abendessens, zu dem ich mir eine Mahlzeit aus einer der Einmannpackungen genehmigte, die – was ich sicher schon erwähnte – zur festen Ausstattung meines fahrbaren Untersatzes gehörten. Übrigens heißen die neuerdings Einpersonenpackung, Achtung, Genderalarm! Von mir aus, wenn's die Menschen glücklicher macht, ich nenne sie weiter Einmannpackung. Was genau es war, womit ich mich an dem Abend verwöhnte, ich weiß es nicht mehr. Zur Auswahl standen solche Köstlichkeiten wie Hähnchenfleisch mit Weizentortillas, Linsen mit Wurst, Chili con Carne und irgendein Eintopf. Hoher Nährwert, geringes Gewicht, sofort verzehrbereit – das sind wahre Wundertüten. Manche davon werden heiß, ohne dass man eine äußere Wärmequelle braucht. Das müssen kluge Köpfe ausgetüftelt haben.

Am nächsten Morgen beseitigte ich die Spuren des Ready-to-Eat-Festmahls, schnürte meine Sachen und marschierte los, wieder zurück, in den Ort hinein. Unterwegs kam mir ein alter Mann auf einem Fahrrad entgegen. Offenbar weckte ich Mitleid in ihm, wie ich mich so dahinschleppte mit meinem großformatigen Übergepäck. Als wir fast auf einer Höhe waren, stieg er ab, brummelte etwas und fing gleichzeitig an zu gestikulieren, wobei seine Hand mal zum Fahrrad zeigte und mal zu mir. Ich deutete die Bewegungen so, dass er seinen Drahtesel als Packesel anbot. Eine nette Geste, wirklich, ich dankte ihm mit dem freundlichsten Lächeln, zu dem ich unter der Last imstande war. Aber nein! Ein Mann muss seinen Weg allein gehen. Abgesehen davon, wollte ich diesem Volk helfen, nicht zur Last fallen.

Am Treffpunkt war schon einiges los. Jetzt fiel mir auf, dass das Gebäude ein Kindertheater war. Das hatte ich am Vortag übersehen. Die Eingangstür stand offen. Drinnen brodelte ein Wasserkocher. Man konnte sich Kaffee und Tee zubereiten, und es gab Snacks, gespendet von Leuten aus dem Ort, so hieß es. Ich zählte nicht jeden Einzelnen, aber es dürften ungefähr zwanzig Personen gewesen sein, vielleicht zwei Dutzend – durch die Bank Ausländer, aus ukrainischer Perspektive. Ich beobachtete eine Weile die Szenerie und versuchte, ein paar Sprachfetzen zu erhaschen. Außer mir war anscheinend kein Deutscher anwesend. Einige sprachen Englisch. Bei zweien fiel mir ein seltsamer Akzent auf, den ich so noch nicht gehört hatte. Um das Rätsel zu lösen, gesellte ich mich zu ihnen. Und so lernte ich Cooper kennen. Er ist Australier. Und Kiwi, der aus Neuseeland stammt. Und kurz darauf Itamar, einen Israeli. Und dann noch den Amerikaner Jimmy, der für den weiteren Verlauf der Ereignisse allerdings nicht von Bedeutung ist.

Das trifft für die anderen nicht zu, weshalb ich etwas vorgreife. Zu allen dreien muss man nämlich wissen, dass es nicht ihre echten Namen sind, sondern Kampfnamen – praktisch Spitznamen, Nicknames, die sie sich für den Einsatz als Soldat gegeben haben oder der ihnen verpasst wurde, um ihre wahre Identität zu schützen. Das ist beim Militär üblich – und wichtig, gerade auch für den Funkverkehr, falls der vom Feind abgehört wird, womit man immer rechnen muss. Ich hatte auch einen Kampfnamen, aber das erzähle ich später.

Besonders Cooper war es wichtig, niemals mit seinem richtigen Namen in Erscheinung zu treten. Und er wollte auf gar keinen Fall fotografiert werden oder sich in einem Video wiederfinden, auch wenn es nur für private Zwecke gedacht war. Er meinte, man könne nie wissen, in welche Hände die Sachen geraten, schon gar nicht im Krieg – und was dann daraus gemacht würde. Damit hatte er verdammt recht, wie ich selbst noch erfahren sollte.

Coopers Zurückhaltung hatte einerseits damit zu tun, dass er manchmal etwas menschenscheu war, was sich noch verstärken sollte. Man konnte mit ihm eine Menge Spaß haben, aber er musste nicht ständig mit Leuten zusammen sein, zog sich auch gern mal zurück, brauchte Privatsphäre und Zeit, in der er niemanden sehen und sprechen wollte, abgesehen vielleicht von der einen oder anderen netten Dame, die ihm Gesellschaft leisten durfte.

Aber der eigentliche Grund war ein anderer: Er hatte eine Heidenangst davor, durch solchen Leichtsinn ins falsche Licht zu geraten und von den Behörden in Australien auf die Terrorliste gesetzt zu werden. Sobald man auf dieser Liste steht, lassen sie einen nicht mehr ins Land. Und auch die Familie kriegt mächtig Ärger. Dafür musste nur jemand ein Foto von Cooper in Kampfmontur ins Internet stellen, zum Beispiel bei Telegram, und dazuschreiben, dass dieser Mann ein Schurke sei, der in der Ukraine Kriegsverbrechen begehe. Lügen dieses Kalibers werden vom Feind gern als Waffe benutzt, das ist keine neue Erfindung. Warum sollte das hier anders sein?

Irgendwann kreuzte der Offizier auf, mit dem ich am Vortag gesprochen hatte. Er verkündete zwei Botschaften: dass ab sofort nur noch die genommen würden, die über Kampferfahrung verfügten, ohne allerdings zu definieren, was genau er darunter verstand. Und dass an diesem Tag entgegen seiner Ankündigung nun doch kein Bus komme, sondern erst am nächsten.

Der zweite Fehlstart, aber warum sollte ich mir Gedanken machen? Es gab sicher gute Gründe, und ändern konnte ich sowieso nichts. Außerdem gab mir das Gelegenheit, mich mit meinen zukünftigen Kameraden etwas besser vertraut zu machen. Also nutzten wir den freien Tag für einen Ausflug nach Lwiw – oder Lemberg, wie die Stadt auf Deutsch heißt. Irgendwo hatte ich gelesen, dass die Altstadt, die im Zweiten Weltkrieg weitestgehend von Bomben verschont blieb, zum UNESCO-Weltkulturerbe gehört, wegen der zahlreichen Prachtbauten aus verschiedenen Stilepochen. Lwiw galt zu dem Zeitpunkt als relativ ungefährdet. Tausende Ukrainer aus anderen Regionen hatten sich dorthin in Sicherheit gebracht – wenn man von Sicherheit sprechen konnte. Es gab hin und wieder Luftalarm, aber noch waren keine Raketen in der Stadt eingeschlagen.

Wir fuhren mit meinem Auto – Jimmy, Itamar, Kiwi, Cooper und ich. Nach etwa vierzig Minuten waren wir da und schlenderten durch die Stadt, die wirklich sehenswert ist – und das hoffentlich auch bleibt. Soviel ich weiß, gab es seit damals einige Raketeneinschläge in Lwiw, auch mit Todesopfern, aber hauptsächlich galten die Luftangriffe militärischen Zielen in der Umgebung und Infrastruktureinrichtungen wie Treibstofflagern oder Stromversorgungsanlagen. Trotzdem war es schon ein bisschen surreal, dort herumzuspazieren wie Urlauber, mit dem Gedanken, in einem Land zu sein, in dem Krieg herrschte.

Später suchten wir uns ein nettes Restaurant. Am Nebentisch saßen zwei Männer, die sich auf Englisch unterhielten und aussahen, als würden sie zum Militär gehören. Ich tippte auf Special Forces – und lag nicht falsch, wie sich herausstellte, als wir mit den beiden ins Gespräch kamen. Der eine war Ami, der andere Däne. Sie gehörten zu einer Internationalen Spezialeinheit, hatten in Kiew gekämpft und waren für eine Woche auf Erholungsurlaub. Was sie von ihren Einsätzen berichteten, klang ziemlich chaotisch. Offenbar haperte es vor allem an der Koordination, verursacht durch mangelnde Kommunikation zwischen den Teams. So sei es immer wieder vorgekommen, dass sich die Leute gegenseitig in die Feuerzone liefen. Und das war nur ein Beispiel. Als sie die Kommandeure darauf ansprachen, hätten die gesagt, das sei ihre Art zu kämpfen. Wenn ihnen das nicht passe, könnten sie nach Hause gehen.

Ich hörte den beiden aufmerksam zu. Sie kamen von der Front, wo ich wahrscheinlich bald sein würde. Dieser Gedanke erschien mir immer noch etwas unwirklich, auch wenn ich mir Mühe gab, wahrscheinlich sogar unbewusst, das nicht an mich heranzulassen. Natürlich hatte ich meine Vorstellungen, wie es sein würde, an der Front, im Feuergefecht und überhaupt. Die hatte ich schon in Deutschland gehabt. Tausendmal habe ich mir das ausgemalt. Nun war ich so nah dran, hörte aus erster Hand, wie es in Kiew zuging, was mich erwartete, und trotzdem fühlte es sich an, als wäre das alles weit weg – was die zwei erlebt hatten, was ich erleben würde –, irgendwie abstrakt, nicht greifbar. Wenn ich an diese Zeit zurückdenke, kommt es mir vor, als wären das Erinnerungen aus der Mittelstufe, so unfassbar lange her fühlt sich das an. Als läge die Hälfte meines Lebens zwischen damals und heute. Ich dachte, ich wäre auf den Krieg vorbereitet. Sonst hätte ich diesen Schritt gar nicht getan. Aber war ich das wirklich?

IM CAMP

JAWORIW

Am nächsten Tag mussten wir uns etwas gedulden, doch als es auf den Abend zuging, fuhr tatsächlich der versprochene Bus vor. In der Zwischenzeit hatten sich neue Freiwillige eingefunden, darunter wohl auch einige Deutsche, die ich aber erst in der Militärbasis besser kennenlernte. Der Treffpunkt war aus dem Kindertheater in ein Gemeindehaus verlegt worden. Dort gab es ein Badezimmer und einen großen Raum, der für Tanzkurse genutzt wurde. Den hatte man leer geräumt, damit wir auf dem Boden schlafen konnten. Nun saßen wir in dem Bus und schuckelten der Militärbasis entgegen. Die Fahrt dauerte nicht lange, kaum mehr als eine halbe Stunde. Das Areal, das einen weitläufigen Truppenübungsplatz einschloss, gehörte noch zum Rajon Jaworiw. Einen Rajon kann man mit einem deutschen Landkreis vergleichen.

Ich war gespannt, was uns erwartete. Am Vortag hatte einer der Freiwilligen erzählt, dass die russischen Luftstreitkräfte die Kaserne am Sonntag – dem Tag, als ich zu Hause losgefahren war – mit Cruise-Missiles beschossen hatten. Am frühen Morgen, sehr früh, es war noch Nacht, als die Luftalarmsirenen dort losgingen. Die Flugzeuge waren angeblich im russischen Saratow gestartet, 2000 Kilometer weiter östlich. Als sie nah genug waren, sollen sie über dreißig Raketen abgefeuert haben. Einige fing das automatische Luftabwehrsystem ab.

Aber es kamen noch genug durch, sodass 35 Soldaten getötet und über 130 verletzt wurden. Zumindest lauteten so die ersten Angaben der ukrainischen Behörden. Es könnten auch mehr gewesen sein, deutlich mehr. Das russische Verteidigungsministerium beeilte sich zu verkünden – oder sollte ich besser sagen: zu bejubeln –, dass es bis zu 180 Opfer gegeben habe. Zudem sei eine große Ladung ausländischer Waffen vernichtet worden. Bei den Opfern soll es sich größtenteils um ausländische Söldner gehandelt haben, aber diese Behauptung könnte Propaganda gewesen sein – als Message an die Welt: Wer sich mit diesem Volk verbündet, kommt im Leichensack zurück. Kurz vorher hatte die ukrainische Regierung vermeldet, über 20 000 Ausländer seien bereit, in den Reihen der Internationalen Legion gegen den Aggressor zu kämpfen. Man kann sich leicht vorstellen, dass dem Herrn im Kreml solche Botschaften nicht schmeckten.

Was von all dem der Wahrheit entsprach und ob überhaupt etwas, vermag ich nicht zu beurteilen. »Das erste Opfer des Kriegs ist die Wahrheit«, ein uralter Spruch, der sich seit Jahrhunderten stets aufs Neue bestätigt. Fast so, als hätte man es mit einem Naturgesetz zu tun. Und immer trifft es auf beide Seiten zu, auch das scheint eine unumstößliche Tatsache zu sein.

Später geisterten noch andere Zahlen durch die Medien. So räumte die ukrainische Polizei 61 Todesopfer ein und 160 Verletzte. Während das ukrainische Verteidigungsministerium daran festhielt, es seien keine Ausländer unter den Toten zu beklagen, behaupteten andere Quellen, beispielsweise britische Zeitungen, mindestens drei ihrer Landsleute und mehr als hundert andere eingereiste Freiwillige hätten das Raketenfeuer nicht überlebt. Das deckte sich mit den Angaben eines Deutschen, der einem österreichischen Rundfunksender erzählte, er sei bei der Legion gewesen und habe den Angriff miterlebt. Demnach hätten in einem der zerstörten Gebäude mindestens hundert Soldaten gelegen, als die Raketen einschlugen. Keiner von denen sei lebend rausgekommen. Vielleicht stimmte das, vielleicht auch nicht.

Worauf ich hinauswill, sind zwei Punkte. Erstens: Im Kriegsfall ist für Außenstehende schwer überprüfbar, was tatsächlich geschehen ist. Nicht nur schwer, es ist nahezu unmöglich. Man muss immer davon ausgehen, dass derjenige, der Informationen rausrückt, ein bestimmtes Interesse verfolgt. Bei Kriegsparteien erklärt sich das von selbst. Aber auch wenn sich jemand nur wichtigmachen will, was möglicherweise den Deutschen angetrieben haben könnte. Nicht dass ich ihm das unterstellen wollte, aber die Story ist natürlich besser, wenn ich zahlreiche Todesopfer zu bieten habe, die von offiziellen Stellen verschwiegen werden. Und wenn ich behaupte, dass ich nah dran war, also Riesenglück hatte, überlebt zu haben. So was macht niemand? Leider doch.

Und der zweite Punkt: Selbst wenn man im Kriegseinsatz zum Ort des Geschehens kommt, so wie ich in das Militärlager, heißt das nicht automatisch, dass man die Wahrheit gebucht hat. Wir bekamen nie eine Auskunft, wie viele Opfer es tatsächlich gab. Wir erfuhren auch nur die Zahlen, die von offiziellen Stellen sowieso in die Welt hinausposaunt wurden. Es hieß auch immer, es wären ausschließlich Ukrainer umgekommen. Alles andere sei russische Propaganda.

Und noch eine Sache zu dem Thema: Vielleicht war ich zu naiv, als ich in die Ukraine kam. Ganz bestimmt war ich das. Es mag ein Klischee sein, aber ich komme aus einem Elternhaus, das man als behütet bezeichnen kann. Meine Schwester und ich sind mit einer guten Portion Sorglosigkeit aufgewachsen. In einer kleinen Ortschaft in ländlicher Gegend, wo sprichwörtlich jeder jeden kennt. Ein Stück heile Welt, wenn man so will. Und so wurden wir auch erzogen. Unsere Eltern legten Wert darauf, dass aus uns anständige Menschen werden. Eine wichtige Charaktereigenschaft, die sie uns mitgaben, war Ehrlichkeit. Ich behaupte nicht, dass ich nie lüge – jeder lügt, sogar jeden Tag, und das mehrmals. Aus Höflichkeit, aus Angst oder weil es einfach bequemer ist, um sich Konfrontationen zu ersparen. Das ist nicht meine Erkenntnis, dazu gibt es Untersuchungen, Studien und was weiß ich nicht alles. Doch grundsätzlich halte ich mich für einen ehrlichen Kerl. Hochtrabend ausgedrückt, könnte man sagen: werteorientiert. Mein Wort zählt, man kann sich auf mich verlassen, ich verarsche meine Mitmenschen nicht, höchstens zum Spaß, aber das weiß derjenige dann. Mit dieser DNA rückte ich also an.

Und was musste ich erleben? Es wurde gelogen, dass sich nur so die Balken bogen. Beinahe jeder schien jeden zu belügen, man wusste kaum, wem man überhaupt trauen konnte. Es gab Ausnahmen, bei denen das weniger ausgeprägt schien, aber insgesamt habe ich nie mehr Unehrlichkeit erlebt als in den Monaten, die ich dort verbrachte, erst in der Legion, später angedockt bei den Streitkräften. Ob es Kameraden waren, die sich als Freunde ausgaben, Vorgesetzte, Untergebene, Krankenschwestern und mit wem man noch zu tun hatte. Und angefangen hat es in dem Militärlager.

Aber noch mal zu dem Raketenbeschuss: Mutmaßungen wurden auch darüber angestellt, warum die Russen ausgerechnet dieses Ziel gewählt hatten. Immerhin war es der erste größere Angriff im Westen der Ukraine. So ziemlich alles deutete darauf hin, dass der Kreml tatsächlich ein Zeichen setzen wollte, um andere Länder abzuschrecken, damit sie sich raushielten, weder Waffen noch freiwillige Kämpfer schickten. Dafür sprach zum Beispiel, dass die Militärbasis als Drehscheibe für westliche Waffenlieferungen genutzt wurde. Ein nicht unerheblicher Teil der Ladungen, die auf dem Flughafen im polnischen Rzeszów ankamen, wurden dorthin gebracht und weiterverteilt. Ich nehme an, dass die russischen Militärschnüffler das längst aufgeklärt hatten. Am Tag vor dem Angriff soll eine größere Lieferung gekommen sein, und auch dass auf dem Gelände Freiwillige der Internationalen Legion untergebracht waren und für den Kriegseinsatz geschult wurden, war demnach nicht geheim geblieben. Zu der Zeit sollen es rund tausend Personen gewesen sein. Angeblich hatte der russische Geheimdienst Mobiltelefone von britischen Staatsbürgern geortet. Auf jeden Fall dürfte es kaum eine Einrichtung im Land geben, die bessere Voraussetzungen für die Schulung militärischen Personals bietet. Neben der Nationalen

Militärakademie ist ein Internationales Ausbildungszentrum für Peacekeeping-Einsätze angesiedelt. Noch kurz vor dem Krieg waren dort NATO-Ausbilder im Einsatz, und es hatte gemeinsame Übungen von ukrainischen Einheiten und NATO-Kräften gegeben.

Und diese übergroße Zielscheibe sollte nun unser Quartier sein. Die Spuren des Raketenangriffs waren nicht zu übersehen. Ein Teil der Basis lag in Schutt und Asche. Mehrere Gebäude waren getroffen worden, auch eines der Hauptgebäude, jedenfalls der Größe nach zu urteilen, die man anhand der Überreste erahnen konnte. Für mich die erste echte Begegnung mit dem Krieg, auch wenn es keinen Beschuss mehr gab. Die Russen hatten einmal ins Schwarze getroffen, aber war ihnen das genug? Niemand konnte sagen, ob sie nicht schon dabei waren, ihre Jagdbomber erneut mit Raketen zu bestücken und den nächsten Angriff zu planen. Rechnen musste man damit, jederzeit.

Spuren der Verwüstung nach dem Raketenangriff.

Wir wurden in Wärmezelten untergebracht, pro Zelt fünfzehn bis zwanzig Mann, das war dann auch eine Einheit, ein Team. Wer ein Smartphone besaß, so ziemlich jeder, sollte die App *Povitryana tryvoha* herunterladen, über die Luftschutz- und Raketenalarm ausgelöst werden konnte – und auch wurde. Sobald es Alarm gab, mussten wir augenblicklich aus den Zelten raus, übers Gelände flitzen, bis wir ein Waldstück erreichten, das etwa in fünfzig Meter Entfernung begann. Dann liefen wir ein Stück in den Wald hinein und mussten dort ausharren, bis Entwarnung kam. Wenn man das ein paarmal macht, ohne dass etwas geschieht, neigt manch einer dazu, es nicht mehr ganz so ernst zu nehmen, auch wenn die Vernunft das Gegenteil sagt. Aber daran war in dem Camp nicht zu denken. Seit dem Ernstfall wurde keine Schlamperei geduldet, was das anging. Und so fanden wir uns jede Nacht, wirklich jede, in dem Waldstück wieder. Glück hatten wir dann, wenn wir nur einmal aus dem Schlaf gerissen wurden.

Zu dem Wald wäre noch zu sagen, dass wir ihn auch tagsüber aufsuchten und dabei manch überraschende Entdeckung machten. Einmal zogen Jimmy, Cooper, Itamar und ich los, einfach aus Neugier und um etwas Zeit totzuschlagen. Wir waren etwa hundert Meter von dort entfernt, wo die Zelte standen, als wir fast über eine Waffe stolperten. Pilze suchen kann jeder. Wir konzentrierten uns von da an auf militärische Gegenstände. Andere aus dem Lager machten das auch. Auf diese Weise kam nach wenigen Tagen ein kleines Waffenarsenal zusammen: Sturmgewehre verschiedener Fabrikate, Skorpion-Maschinenpistolen, ein Maschinengewehr vom Typ MG42, dazu einige Funkgeräte. In der Legion wurden größtenteils Waffen aus Tschechien verwendet, aber auch russische Kalaschnikows und Sturmgewehre aus serbischer Produktion.

Die Erklärung für diese ungewöhnlichen Funde konnten wir uns selbst zusammenreimen, zumal die Waffen in einem recht guten Zustand waren, also nur eine kurze Zeit dort gelegen haben dürften. Nach dem Raketenangriff – oder bereits während des Beschusses –

hatte sich ein Haufen Freiwilliger aus dem Staub gemacht. Da man seine persönliche Waffe immer am Mann zu tragen hat, werden sie ihre erst mal mitgenommen und dann im Wald entsorgt haben. Das Gleiche mit den Funkgeräten.

Überhaupt schien der Angriff auf die Basis ein Wendepunkt für die Legion zu sein. Vorher wurde nicht so genau hingeguckt, welche Voraussetzungen die freiwilligen Kämpfer mitbrachten, über welche militärischen Qualifikationen sie verfügten, ob sie Kampferfahrung besaßen. Es wurde zwar abgefragt, aber man musste seine Fähigkeiten und Erfahrungen nicht unbedingt nachweisen. Wahrscheinlich so ähnlich wie das der Offizier in Jaworiw bei mir gemacht hatte, als ich ihm meine Unterlagen präsentierte, die allesamt auf Deutsch verfasst waren. Das änderte sich nun. Zumindest sagten sie das. Ich erlebte auch, wie Leute ausgesiebt wurden. Die ohne Kampferfahrung sollten erst drei Wochen im Camp trainieren, bevor sie an die Front geschickt wurden. Andere wollten sie gar nicht dabeihaben, zum Beispiel Kiwi, unseren Neuseeländer. Er hatte keine Kampferfahrung und war ehrlich genug, das zuzugeben, doch niemand verstand, warum sie einen wie ihn ganz wegschickten. Dagegen mogelten sich Kandidaten rein, die aus meiner Sicht wesentlich schlechtere Voraussetzungen aufzuweisen hatten. Das Lügen hörte jedenfalls nicht auf. Bei manchen kam später heraus, dass sie ihre Beteiligung an Kampfeinsätzen schlichtweg erfunden hatten. Oder eine abgebrochene Grundausbildung wurde einfach zu jahrelanger Truppenzugehörigkeit mit Manöverteilnahmen umgedeutet, das soll es auch gegeben haben. Selbst wenn man denen die gute Absicht unterstellte, das ukrainische Volk um jeden Preis bei der Verteidigung seiner Heimat unterstützen zu wollen – was bei solchen Typen vermutlich nicht einmal das wahre Motiv war, mir begegneten einige, die offenbar nur auf den Kick aus waren –, beim Fronteinsatz bedeuteten unqualifizierte Kämpfer eine Gefahr, zusätzlich zum Feind, vor allem für die Kameraden. Damit setzten sie nicht nur ihr Leben leichtfertig aufs Spiel, sondern ebenso das von anderen. So verantwortungslos kann kein Mensch sein? Von wegen. Ich würde es nicht schreiben, hätte ich es nicht selbst erlebt.

Bei der Legion schien man auf den gewaltigen Andrang an Freiwilligen, die mit Ausnahme der Antarktis von allen Kontinenten herbeiströmten, nicht wirklich eingestellt zu sein. Nach Ausbruch des Kriegs im Donbass infolge der Krimannexion 2014 durch Russland waren schon einmal Fremdenlegionäre ins Land gekommen, allerdings fast nur professionelle Söldner und außerdem in weit geringerer Zahl. Wahrscheinlich hatten die Ukrainer gedacht, es würden sich diesmal auch nicht viel mehr melden. An allen Ecken fehlten Leute, um die Truppen sortiert und das Ganze in geordnete Bahnen gelenkt zu bekommen. Ein Grund für die recht chaotischen Verhältnisse dürfte außerdem gewesen sein, dass das Militär Mann und Maus dringend an der Front brauchte und deshalb das Personal für die Legion auf ein Minimum geschrumpft wurde.

In unserem Zelt waren am Anfang achtzehn Leute. Wobei das schnell wechseln konnte, wenn einer aus irgendeinem Grund meinte, er wäre in einem anderen Zelt besser aufgehoben. Manchmal war es einfach eine Nationalitätenfrage, oder es lag an der Sprache, wenn jemand woanders hinwollte. Idealerweise gab es pro Zelt jemanden, der Russisch oder Ukrainisch sprach, damit man sich mit den Ukrainern verständigen konnte, die das Kommando hatten. Und noch besser war es, wenn derjenige dann auch Englisch konnte, damit die Konversation in die andere Richtung ebenfalls klappte. Die Freiwilligen, die nicht aus einer ehemaligen Sowjetrepublik stammten, sprachen meist Englisch untereinander. Das klingt nicht übermäßig kompliziert, manchmal jedoch waren die Sprachbarrieren recht mühsam. Vor allem wenn bei Übungen beziehungsweise beim Training jeder Satz erst zwei- oder dreimal oder noch öfter wiederholt werden musste, bis er in allen Sprachen angekommen war.

Bei uns versammelte sich ein bunt zusammengewürfeltes Völkchen. Itamar, Cooper, ein paar Georgier (die sind in der Legion generell stark vertreten), zwei Amerikaner, einer davon war Jimmy, ein

Finne, Polen, Kolumbianer, Franzosen und Deutsche. Nicht dass ich es darauf abgesehen hatte, aber außer mir waren noch vier meiner Landsleute im Team.

Der Älteste, ich schätzte ihn auf Ende fünfzig, hatte früher bei der Bundeswehr gedient und danach anscheinend nie aufgehört, Soldat zu sein. Er weigerte sich hartnäckig, einen Kampfnamen anzunehmen, also entscheide ich das jetzt für ihn und nenne ihn einfach Heinrich – mit einem Augenzwinkern, was man gleich verstehen wird. Also, von Heinrich weiß ich, dass er Anfang der Neunzigerjahre, nach seiner Zeit beim Bund, im Bosnienkrieg für die kroatische Armee gekämpft hatte, angeblich drei Jahre lang. Später sollte ich ihn noch besser kennenlernen, aber merkte sofort, dass er eine exzellente Ausbildung und viel Erfahrung hatte. Er wusste, wovon er redete und worauf es ankam. Ein Soldatentyp, wie er im Buche stand, geradeheraus und korrekt, jedoch einem Kriegerethos verhaftet, den ich nicht feiern würde.

Irgendwann, da waren wir nicht mehr in Jaworiw, erzählte er mir, er sehe sich in der Tradition der Waffen-SS. Das habe aber nichts mit Politik oder Gesinnung zu tun, ihm gehe es rein ums Militärische. Und um soldatische Tugenden, für die die Truppe stand, um Werte wie Disziplin und Kameradschaft. Gehorsam. Diese Argumentationslinie war mir nicht unbekannt. Damit hatte ich bei der Bundeswehr zu tun. Es gibt ein interessantes Buch zu dem Thema, *Deutsche Krieger*. Darin geht es unter anderem darum, dass Soldaten, also Krieger, etwas brauchen, womit sie sich identifizieren können. Dabei landet man dann beim Kriegerethos. Und wo findet man so was? Jedenfalls nicht in der fortschrittlichen Bundesrepublik, wo man lieber damit beschäftigt ist, Dienstgrade zu gendern. Etwa so muss man sich diese Denke vorstellen. Und dann werden Dinge schnell verklärt, und man landet doch auf der politischen Schiene. Ich sehe in diesem Kriegerethos eine Art Einstiegsdroge. Man muss nicht in diese Richtung abdriften, aber das Risiko wird nicht kleiner dadurch.

Der zweite Zeltkamerad aus der Heimat war Ende vierzig, ein angenehmer Zeitgenosse, dem so schnell nichts die Laune verderben konnte, wenn ich als Jungspund das so sagen darf. Man hätte ihn auch lebensfroh nennen können. Sein Kampfname: Josef. Er war bei der Polizei, irgendeine Spezialeinheit. So ganz blickte ich nicht durch, ob er dort immer noch Bezüge erhielt oder womit er seine Brötchen verdiente. Er ließ mal fallen, dass er beurlaubt sei. Warum und wie lange? Das blieb sein Geheimnis. Allerdings kann ich mir nicht vorstellen, dass er sich als aktiver Polizeibeamter, ob Urlaub oder nicht, in einem anderen Land als Legionär verdingen darf. Ich will nicht sagen, dass er seinen Job nicht ernst genommen hätte, doch irgendwie schien es für ihn mehr ein Abenteuer zu sein. Oder es war seine Art, mit der psychischen Belastung umzugehen. Jedenfalls wird von ihm noch mal die Rede sein. Er wurde später mein Stellvertreter, als ich Teamleader war.

Zu Nummer drei kann ich nicht viel sagen, wir hatten wenig Kontakt. Ein Deutschtürke, Anfang dreißig, er kam irgendwo aus Bayern, schien dort aber nicht geboren zu sein, dafür war sein Deutsch zu schlecht. Was ihn dazu bewegt hatte, der Legion beizutreten, weiß ich nicht. Soviel ich mitbekam, schloss er Freundschaft mit einem Franzosen und dem Finnen. Die drei gingen dann zusammen zu einer anderen Einheit.

Den vierten Landsmann erlebte ich nur einen oder zwei Tage. Mir fällt nicht mal sein Name ein. Ich glaube, er war auch aus Süddeutschland. Er meinte, er sei bei den Gebirgsjägern gewesen. So wirkte er gar nicht. Ich hätte ihn eher als etwas ängstlich eingeschätzt – und grundmisstrauisch Fremden gegenüber, als müsste er sich vor jedem in Acht nehmen. Dazu passte wiederum nicht, dass er mehrere Vorstrafen hatte, wie er selbst erzählte. Es sei denn, er hatte die Vorstrafen erfunden, um den anderen den harten Hund vorzuspielen – eben aus seiner Angst heraus. Als es hieß, einige von uns sollten für künftige Einsätze eine Special Forces Group bilden, winkte er sofort ab. Das sei ihm zu heiß, er wolle nicht in etwas hineinmarschieren, wofür er nicht ausgebildet sei. Am nächsten Morgen meldete er sich ab und verschwand auf Nimmerwiedersehen.

Wir in unserem Zelt – inzwischen mit Winterklamotten eingekleidet, inklusive warmer Stiefel, aber ohne Uniformen – organisierten uns mehr oder weniger selbst. Das heißt, wir versuchten es. Einer der Georgier wollte unbedingt den Teamleader geben. Er meinte, er spreche Russisch und könne sich am besten mit den Ukrainern verständigen. Dafür konnte er kein Englisch, sodass wir einen Dolmetscher brauchten. Das übernahm ein anderer Georgier. Die Amtszeit des selbsternannten Teamleaders fiel dann denkbar kurz aus. Zwei, drei Tage, und er verdrückte sich in eines der Nachbarzelte, in dem nur Georgier hausten. Und wir wählten einen neuen Teamleader, den Finnen, der vorgab, Major zu sein, und ganz schön den Larry raushängen ließ, große Töne spuckte, anstatt aus unserem Haufen eine ordentliche Truppe zu formen. Darum kümmerte sich stattdessen einer der Amerikaner, nicht Jimmy, sondern ein Ex-Special-Forces, den wir zum »2IC« ernannt hatten, zum Second-in-command, also zum Stellvertreter. Der wiederum bekam von den Ukrainern den Auftrag, mit den besten Freiwilligen, den Foreigners, die erwähnte Special Forces Group aufzustellen.

Ich wollte da nicht mitmachen. Kurz und gut: Er baute seine eigene Truppe auf, mit der er in ein freies Zelt abwanderte. Also brauchten wir auch einen neuen 2IC. Ohne Kommandostruktur funktioniert nichts beim Militär, das gilt ab der untersten Ebene. Ich übernahm den Posten, und wer mich kennt, weiß, dass ich so was nicht hinschlampere.

Zu der Zeit hatte ich übrigens bereits meinen Kampfnamen. Um nicht den Verdacht zu erwecken, mit mir wären alle Pferde durchgegangen, als ich mir den aussuchte, sollte ich kurz erzählen, wie es dazu kam: Es war hier im Camp. Am zweiten oder dritten Tag. Unsere Truppe hatte sich im Zelt versammelt. Damit jeder wusste, wer der andere war, schrieben wir alle unsere Namen auf ein Blatt Papier. Zum Team gehörte ein Spanier, guter Typ. Er las meinen Namen, besser gesagt, er versuchte es, runzelte die Stirn, sah mich an und meinte: »Das kann ich nicht aussprechen!«

Und ohne zu überlegen – es sei denn, er ist ein Superschnelldenker, denn zwischen dem Ende des Satzes und dem danach war höchstens eine kurze Atempause –, sagte er: »I call you ... Kaiser.«

»Kaiser« sprach er auf Deutsch aus, sodass ich mir denken konnte, an wen er dachte. So viele Deutsche gibt es nicht, die jeder auf der Welt kennt. Jedenfalls hörten das einige der anderen – und damit hatte ich meinen Kampfnamen.

Eine meiner ersten Aufgaben als 2IC, die ich mir selbst zuteilte: Waffen beschaffen. Es war ein bisschen wie Shoppen, nur dass ich kein Geld hinblättern musste. Und zwar Supermarkt, nicht Discounter – die Auswahl war relativ groß. Das Team hatte Mitspracherecht, aber ich schrieb die Einkaufsliste, bildlich gesprochen. Einen der Polen, groß und stämmig, breite Schultern, überzeugte ich, MG-Schütze zu werden. Er bekam ein MG 42, deutsche Konstruktion, ein Modell, das schon im Zweiten Weltkrieg eingesetzt worden war. Die 42 steht für das Entwicklungsjahr. Wir ernannten auch einen Gruppenscharfschützen. Der wurde mit einem M 14 ausgestattet, das ist ein amerikanisches Selbstladegewehr bester Güte. Für die anderen gab es AK-74, besser bekannt als Kalaschnikow. Die Entscheidung fiel darauf, da sich dafür am einfachsten Munition auftreiben lassen sollte. Die Dinger sind nicht der letzte Schrei, aber sie haben sich bewährt. Zusätzlich kriegte jeder eine Pistole, eine ČZ 82, die tschechische Version der Makarow, Kaliber 9 mm.

Und dann wurde trainiert. Bewegung im Gelände, Umgang mit Waffen, Reaktion auf den Feind, worauf man eben vorbereitet sein sollte. Aus irgendeinem Grund wollte Mendozza, ein Kolumbianer, das Training für Handwaffen übernehmen, Pistole und Kalaschnikow. Trockentraining, also ohne Munition. Da er sich mit dem Major gut verstand, ließ der ihn gewähren.

Wir standen alle zusammen und sahen seinen Vorführungen zu, wie wir uns mit der Waffe bewegen sollten – seiner Meinung nach. Viel musste ich mir nicht angucken, bis ich dachte: Heilige Scheiße, kein Militär der Welt würde das so machen! Anscheinend kannte er nicht einmal die oberste Regel beim Umgang mit Schusswaffen: Eine Waffe ist nie auf etwas zu richten, das man nicht treffen will. Und dabei handelt es sich nicht etwa um eine Geheimregel der Bundeswehr, die gilt auf dem gesamten Globus. Wobei es genau genommen die zweite Regel ist, die erste besagt, dass jede Waffe als geladen zu betrachten ist. Aus ebendiesem Grund gibt es ja die zweite Regel.

Bei der nächsten Übung passierte das Gleiche, sodass ich mich fragte, warum die anderen nicht ihren Mund aufmachten. Und warum wir unsere Zeit damit vertrödelten. Es ging so weiter, bis er mit einer Pistolenübung um die Ecke kam, bei der eine Taktik angewendet werden sollte, die, behauptete er, die Israelis erfolgreich in Afghanistan praktiziert hätten. Dumm nur, dass wir drei israelische Kämpfer im Team hatten. Denen war diese Taktik gänzlich unbekannt. Sie hielten sie wie ich schlicht und ergreifend für Schwachsinn.

Einer der Franzosen, der schon in vielen Ländern gekämpft hatte, sagte hinterher über unseren kolumbianischen Spezialausbilder: »So jemanden wie den brauchst du beim Häuserkampf. Das ist einer, der als Erster durch die Tür geht.« Und dabei grinste er schelmisch. Bei der Bundeswehr hatten wir dafür einen anderen Spruch: »Besser Lücke statt Krücke.« Jedenfalls wäre ich mit ihm ungern ins Feld gezogen – nein, stopp, das stimmt nicht! So ein Typ ist ein rotes Tuch, und das darf man nicht ignorieren, schon gar nicht an der Front. Um des eigenen Lebens willen. Mit ihm in die Schlacht? Niemals, das hätte ich abgelehnt.

SASCHA'S PALACE

KIEW

Wir fuhren im Schutz der Dunkelheit durch die Nacht. In einem Bus. Es ging nach Kiew. Drei Zeltteams, zirka sechzig Mann, zwei Drittel Georgier. Von der Militärbasis waren es etwa 600 Kilometer. Ich versuchte die meiste Zeit zu schlafen. Im Morgengrauen erreichten wir die Stadtgrenze. Eine gespenstische Kulisse. Keine Menschenseele auf der Straße. Ausgangssperre bis sieben oder acht Uhr. Ich sah die vielen hohen Gebäude, die Straßenschluchten, die Brücken und dachte: Diese Stadt ist eine Festung – wie will eine Armee die einnehmen?

Die russischen Truppen versuchten seit Wochen, Kiew einzukreisen, zu umzingeln. Doch die ukrainischen Streitkräfte hielten dagegen, die Frontlinie war im Nordwesten und Osten praktisch eingefroren, ungefähr 25 Kilometer vor den Stadttoren. Dort hatten die Angreifer Gräben ausgehoben und sich darin verschanzt. Es schien, als bereiteten sie einen Stellungskrieg vor. Währenddessen beschossen sie die Stadt immer wieder mit Artillerie. Gerade erst waren ein Einkaufszentrum und mehrere Wohnhäuser von Granaten getroffen worden. Es hatte zahlreiche Tote gegeben, größtenteils Zivilisten. Die Russen behaupteten natürlich, sie würden ausschließlich militärische Objekte ins Visier nehmen.

Das erste Ziel, das der Bus ansteuerte, war ein Verwaltungsgebäude in der Innenstadt am Fluss Dnepr. Es wurde von einem Radschützenpanzer mit schwerem MG bewacht. Dort kriegten wir unsere Verträge für die Legion und unsere Uniformen – ukrainische Armeeuniformen mit Digital-Camouflage-Muster, allerdings ohne Dienstgradabzeichen auf der Brust. Wir unterschrieben die Verträge. Wer wollte, konnte seinen mit dem Handy abfotografieren, es bekam aber niemand eine eigene Ausfertigung in die Hand gedrückt. Abgefasst waren die Verträge in ukrainischer Sprache, Google Translator war also wieder mal gefragt. Oder blindes Vertrauen.

Meines Wissens erhielten sämtliche Legionäre identische Verträge, unabhängig von der Einheit, in der sie eingesetzt wurden. Es soll derselbe Vertrag gewesen sein, den jeder ukrainische Soldat unterzeichnen muss. Das würde erklären, warum sie sich nicht die Mühe gemacht hatten, eine englische Version zu erstellen. Die wichtigsten Punkte kriegte ich aber auch so raus. Mit dem Vertrag galt man regulär als Angehöriger der ukrainischen Streitkräfte. Dementsprechend wurden uns etwa eine Woche später die gleichen Militärausweise ausgehändigt wie einheimischen Soldaten. Mit Stempel des Verteidigungsministeriums. Zugeteilt wurden wir einer Special-Forces-Einheit, die die Bezeichnung »Alpha 3449« trug. Alle Alphas waren Special Forces.

Zeitlich war der Vertrag auf drei Jahre befristet. Als ausländischer Freiwilliger konnte man aber jederzeit kündigen. Ansonsten stand darin, dass man alle Rechte und Pflichten nach den in der Ukraine geltenden Gesetzen hat, ohne dass diese im Detail aufgeführt waren. Nicht Inhalt des Vertrags war, wie viel Geld sie uns zahlen würden beziehungsweise was uns zustünde. Das ist bei der Bundeswehr nicht anders. Die Besoldung wird durchs Bundesbesoldungsgesetz geregelt. Grundgehalt plus diverse Zuschläge, sofern man Anspruch darauf hat.

Da ich gerade bei dem Thema bin: Das mit dem Geld wird meiner Meinung nach häufig falsch dargestellt. Dann heißt es, die Leute gehen da nur hin, um sich die Taschen vollzumachen. Das sind Söldner. Oder Glücksritter. Goldschürfer im Frontgebiet. Oder was man

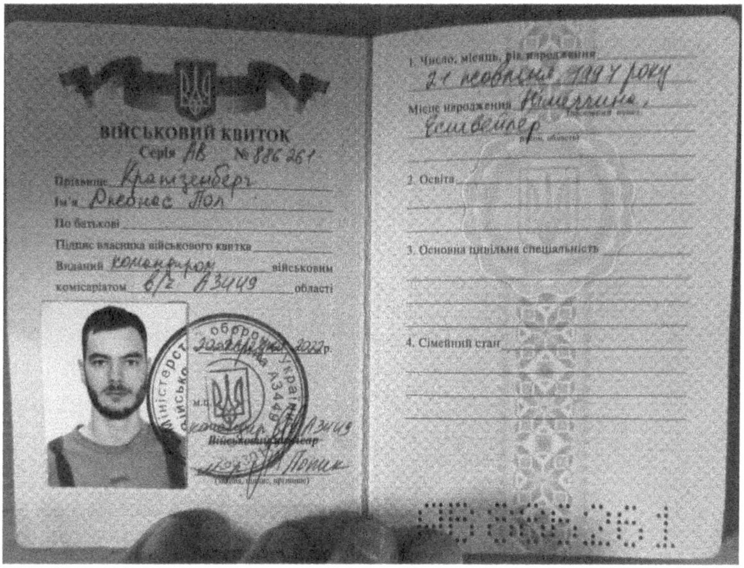

Mein Militärpass.

alles zu hören kriegt. Solche Vertreter gibt es bestimmt, das will ich nicht bestreiten. Wahrscheinlich nicht mal wenige, wenn man sich anguckt, wo auf der Welt überall die Messer gewetzt werden. Doch von denen, die mit mir im Zelt und jetzt in Kiew waren, wusste am Anfang keiner, ob wir überhaupt bezahlt würden. Für Geld waren die nicht dorthin gekommen. Auch für mich war das nicht die Motivation, nicht mal zum Teil. Wir waren da, weil uns die Sache am Herzen lag, so kitschig das klingt. Weil wir auf der richtigen Seite stehen, uns für das Gute einsetzen wollten.

Im Camp in Jaworiw meinte jemand, es gebe – umgerechnet – etwa 500 Euro im Monat, was sich später als Falschinformation entpuppte. So oder so: Jeder von uns hätte zu Hause mehr verdienen können. Das traf auf Söldner, also jene, die das wirklich als Beruf machten und von Krieg zu Krieg tingelten, genauso zu. Von diesem Kaliber liefen auch welche bei der Legion auf. Doch sicher nicht wegen des Geldes, woanders hätten sie ganz andere Summen abschöpfen können.

Ein Punkt kam noch hinzu: Die Finanzgeschäfte waren durch den Krieg erheblich eingeschränkt, zeitweise ging nichts, man konnte keinen Cent ins Ausland transferieren, oder es hätte ewig gedauert, bis das Geld angekommen wäre. Vermutlich auch deshalb wurde für jeden Legionär ein Konto bei der Ukreximbank eingerichtet. Das ist die staatliche Export-Import-Bank. Sie gehört dem Ministerkabinett der Ukraine, das quasi die Regierung ist, die Exekutive. So seriös das klingen mag, es bedeutete nicht automatisch, dass man damit auf der sicheren Seite war. Ich weiß von Freiwilligen, die nur kurze Zeit blieben und gar nicht bezahlt wurden. Entweder bekamen sie nichts überwiesen, oder ihnen wurde der Zugriff aufs Konto verwehrt, einfach indem die entsprechenden Stellen die Zugangsdaten nicht herausrückten. Andere mussten sich Monate gedulden, ehe ihr Gehalt einging. Und dann konnte es immer noch sein, dass es nur ein Bruchteil der Summe war, die ihnen zugestanden hätte – wie in meinem Fall.

Das monatliche Grundgehalt lag in Wirklichkeit bei etwa 40 000 Hrywnja. Umgerechnet machte das rund 1200 Euro, je nachdem, wie der Kurs stand. Das soll der Besoldung normaler Armeeangehöriger entsprochen haben, auch deswegen galten wir Legionäre nicht als Söldner.

Wurde man in Orten oder Regionen eingesetzt, die Kriegsgebiet waren, und Kiew war definitiv Kriegsgebiet, kam ein Aufschlag von 100 000 Hrywnja hinzu. Zusätzlich gab es Boni für spezielle Missionen und wenn man einen Führungsposten hatte, zum Beispiel als Teamleader. Zumindest stand es so auf dem Papier. Bei mir war es dann so, dass ich für die Zeit von März bis Juni rund 60 000 Hrywnja auf meinem Konto fand. Das war etwa ein Zehntel dessen, was ich hätte kriegen müssen. Wäre also Geld mein Antrieb gewesen, hätte ich auf Nachschlag pochen oder sofort meine Segel streichen müssen.

Um die rechtliche Einordnung als Legionär kurz zu erklären: Mit Unterzeichnung des Vertrags galten wir nach dem Völkerrecht als Kombattanten, also als Angehörige der Streitkräfte einer Kriegspartei. Damit waren wir wie reguläre Soldaten offiziell berechtigt, uns an kriegerischen Auseinandersetzungen zu beteiligen, um es ganz nüchtern auszudrücken. Sozusagen die Lizenz zum Töten, ohne strafrechtliche Konsequenzen fürchten zu müssen, vorausgesetzt, man killt keine Zivilisten oder verstößt gegen andere Festlegungen der Genfer Konventionen. Kombattanten dürfen allerdings nicht einfach so in die Schlacht marschieren. Sie müssen bestimmte Bedingungen einhalten, zum Beispiel jederzeit als Soldat erkennbar sein.

Anders gesagt: Im Jogginganzug oder Blaumann an die Front, das geht nicht. Also in Uniform, und zwar in der richtigen. Gegen den Kombattantenstatus verstößt nämlich auch, wer die Uniform des Gegners überstreift, um ihn auszutricksen, in eine Falle zu locken oder Sabotageakte zu verüben. Das erwähne ich, weil russische Soldaten das immer wieder machten, auch bei den Kämpfen um Kiew. Davon gab es Beweise im Internet zu sehen – getötete Russen in ukrainischen Uniformen, keine Fake-Fotos. Außerdem müssen Kombattanten, um noch zwei der wichtigsten Punkte zu nennen, ihre Waffe offen tragen und einem Anführer unterstehen, der für die Truppe Verantwortung trägt.

Nachdem wir nun offiziell den Legionärsstatus hatten, wurden wir in einem Studentenwohnheim einquartiert, das zur Taras-Schewtschenko-Universität gehört. Ein Plattenbau, etwas in die Jahre gekommen, aber gut instand gehalten. Sauber verputzt. Fliesenoptik. Acht, neun Stockwerke, ehrlicherweise habe ich sie nie gezählt. Das Wohnheim, in dem jetzt natürlich keine Studenten mehr waren, stand in einem der südlichen Stadtbezirke. Ganz in der Nähe erstreckte sich ein Naturpark gewaltiger Größe. Ein paar Kilometer in der Breite und noch ein paar mehr in der Länge, womit ich die Nord-Süd-Ausdehnung meine. Waldflächen, Hügel, Seen, Landschaftsgärten und der Campus der Landwirtschaftlichen Uni. Andere Zeiten, und man hätte dort seine romantische Ader ausleben können. Und die Liebe zur Natur. Ein Teil des Waldgebiets war der reinste Urwald. Auch Tiere kreuchten und fleuchten zur

Genüge herum. Jeden Morgen gab es ein Vogelkonzert. Frühlingserwachen. Wenn man die Muße dafür hatte. Wir hatten sie eher nicht.

In Empfang genommen wurden wir von Sascha, dem Kommandeur der Basis, zu dem das Wohnheim umfunktioniert worden war. Saschas Leben würde ein eigenes Buch hergeben, vermutlich ein unheimlich düsteres, einen Krimi. Dazu später mehr.

Vorher noch etwas zur Struktur der Internationalen Legion: Sie besteht aus zwei Flügeln, die unterschiedlichen Kommandostellen zugeordnet sind. Ein Flügel ist bei den Bodentruppen der ukrainischen Streitkräfte angedockt, der andere beim Militärgeheimdienst GUR. Dieser untersteht direkt dem Verteidigungsministerium, nicht dem Generalstab der Streitkräfte. Unsere Einheit gehörte zum GUR-Flügel, der sich angeblich ausschließlich aus militärisch qualifizierten Freiwilligen mit Kampferfahrung zusammensetzte. Deswegen die Einordnung als Special Forces.

Zu meiner Zeit waren es zwischen 400 und 500 Mann. Korrekterweise muss man sagen, dass auch Frauen mitmachten, aber wenige, von zweien werde ich noch berichten. Die Zahl der GUR-Legionäre schwankte zeitweise erheblich. Je länger der Krieg dauerte, umso mehr verließen die Reihen aus den unterschiedlichsten Gründen. Der schlechteste war der eigene Tod. Andere Gründe dürften auf Sascha zurückzuführen sein, auf dessen Führungsstil, seine Kommandos, überhaupt sein Wesen. Und seine Geschichte. Aber davon wusste ich damals noch nichts.

Erst mal stand da ein sechzigjähriger Mann, der – sagen wir – Eindruck machte. Er wirkte wie jemand, dem nichts im Leben fremd zu sein schien, der schon jeden Kampf ausgefochten hatte. Die Spuren standen ihm ins Gesicht geschrieben. Furchen auf der Stirn, geschwollene Tränensäcke, die seine Augen zu Schlitzen verengten, grauer Stoppelbart. Auffällig auch die Mundpartie, Lippen beinahe so dünn wie Rasierklingen. Über seiner Uniformhose wölbte sich ein Bauch, als hätte er einen ausgelösten Airbag verschluckt.

Sascha erklärte uns allerhand Regeln, die wir einzuhalten hatten. Die wichtigste war: immer die Funktion »Standort« auf dem Handy ausgeschaltet lassen! Damit der Feind uns nicht orten konnte. Wenn die Russen eine Anhäufung landesfremder SIM-Karten in einem Gebäude feststellen, sagte er, schicken sie Bomben.

Unser neuer Anführer sprach Russisch und Polnisch. Sobald unter den Freiwilligen jemand auftauchte, der vom Russischen ins Englische dolmetschen konnte und umgekehrt, griff er sich den und ließ ihn nicht von der Leine. Polnisch beherrschte er, weil das seine Muttersprache ist. In Warschau geboren, hatte er die längste Zeit seines Lebens in Polen verbracht, war also ein Ausländer wie wir – und trotzdem hatten sie ihn auf diesen Posten gehievt, ausgerechnet beim Legionärsflügel des Geheimdienstes. Dabei konnte man ihn selbst als ein wandelndes Geheimnis bezeichnen.

Das fing bei seinem Namen an. In Wirklichkeit hieß er nämlich Piotr. Und auch einen neuen Nachnamen hatte er sich gegeben – oder diejenigen, die ihn protegierten. Man darf davon ausgehen, dass sie bei der GUR über seine Vergangenheit Bescheid wussten. Sonst wären sie verdammt schlecht in ihrem Job. Umso mehr, da Sascha direkt dem obersten Kommandeur des GUR-Zweigs der Legion unterstand. Im Team mit zwei Geheimdienstoffizieren, die als Onkel und Neffe familiär verbandelt waren, leitete er die Operationen, schickte uns auf Missionen und koordinierte die Logistik, einschließlich des Nachschubs an Waffen, Schutzausrüstung und Munition.

Wäre die Welt ein gerechter Ort, hätte Sascha nicht in Kiew den großen Zampano gegeben, sondern als Piotr in Polen im Zuchthaus geschmort, wo er schon einige Zeit verbracht hatte, bevor er sich vor sieben oder acht Jahren in die Ukraine absetzte, um einer neuerlichen Gefängnisstrafe zu entgehen. Körperverletzung, Bestechung, Raub, Erpressung, Entführung, Menschen- und Drogenhandel, Zuhälterei, illegaler Waffenbesitz – kaum ein Verbrechen, dessen er nicht schon beschuldigt wurde. Was vermutlich darauf zurückzuführen war, dass er sich in seinem Vorleben als Mitglied einer der größten

Mafiabanden Polens hervorgetan haben soll, gern auch als der Mann fürs Grobe.

Um seinen Arsch zu retten, was in den Gerichtsunterlagen vermutlich etwas amtlicher formuliert ist, soll er irgendwann die Seiten gewechselt und sich den Ermittlern als Kronzeuge angedient haben. Er verpfiff andere Ganoven, diese rückten für ihn auf die Anklagebank ... und so weiter und so fort, man kennt solche Geschichten aus Filmen. Seine war damit nur noch nicht zu Ende. Bald verscherzte er es sich mit den Justizbehörden, es wurde erneut gegen ihn ermittelt, diesmal wegen Betrugs, was ihm einige Jahre Knast eingebracht hätte. Mit seiner Flucht begann das Kapitel in der Ukraine. Aber anscheinend nicht als Neuanfang, eher als Verlagerung der gewohnten Geschäftsaktivitäten. Keine zwei Jahre, und er landete wieder auf der Anklagebank, wegen schweren Raubs und sexueller Nötigung – und wieder im Gefängnis, zumindest für den Raub.

Um es abzukürzen: Als Putins Truppen einmarschierten, befand er sich auf freiem Fuß, hatte aber bereits ein neues Verfahren am Hals. Der nächste Aufenthalt hinter Gittern drohte, womöglich sogar die Auslieferung in seine Heimat, die Behörden dort bemühten sich seit Längerem darum. Und so beeilte sich Piotr, der nun Papiere hatte, die ihn als Sascha auswiesen, beim ukrainischen Militär anzuheuern – wer auch immer ihm den Tipp gab und zu einer neuen Identität verhalf. Als Bürger der Ukraine kann man zur Armee gehen, auch wenn ein Strafverfahren gegen einen läuft, das wird dann ausgesetzt. Für Ausländer ist das gesetzlich nicht geregelt. Demnach dürfte er einen einflussreichen Fürsprecher gehabt haben. Oder mehrere. Wie sonst wäre zu erklären, dass er innerhalb weniger Wochen vom Strafverdächtigen, der nur auf Kaution draußen war, zum Kommandeur einer Spezialeinheit des Militärgeheimdienstes aufstieg?

Tja, die Ukraine und die Korruption, eine unselige Geschichte. Man möchte sie in diesen Zeiten gern verschweigen. Weil keine Korruption dieser Welt diesen Krieg rechtfertigt – nichts, rein gar nichts rechtfertigt ihn. Nur löst man das Problem damit nicht. Und man stößt eben auch immer wieder darauf, das ist kein Geheimnis. Sascha war da nur ein Beispiel, wenngleich ein ziemlich krasses. Denn damit, dass er diesen hochrangigen Posten ergattert hatte, hörte es nicht auf.

Etwa einen Monat nachdem wir in Kiew angekommen waren, verfasste etwa ein Dutzend aktueller und ehemaliger Angehöriger der Legion, darunter ein erfahrener brasilianischer Offizier und zwei oder drei Amerikaner, einen fast achtzigseitigen Bericht mit schweren Anschuldigungen gegen die drei Kommandeure, hauptsächlich jedoch gegen Sascha. Ihm warfen sie unter anderem Machtmissbrauch vor. So hätte er Legionäre gezwungen, Geschäfte zu plündern. Eine Sanitäterin gab zu Protokoll, von ihm sexuell belästigt worden zu sein. Jüdische Legionäre, von denen es in unseren Reihen nicht wenige gab, soll er mit antisemitischen Sprüchen beleidigt haben. Zwei andere Freiwillige berichteten, wie er sie mit einer Waffe bedroht habe, weil sie Ausrüstungsgegenstände, die sie sich zum besseren Schutz selbst gekauft hatten, nicht herausrücken wollten. Kritisiert wurde auch sein übermäßiger Alkoholkonsum, der als Soldat und überhaupt in seiner Stellung nicht angebracht sei.

Die gesamte Liste habe ich mir nicht gemerkt. Es ging bis hin zu der Beschuldigung, er sei in den Diebstahl von Waffen verstrickt. Manchmal seien zivile Transporter vorgefahren, die er mit Gewehren beladen ließ, ohne dass jemand gewusst oder dokumentiert hätte, wohin die Fracht verschwand. Ein ganz heikles Thema. Insbesondere an der Propagandafront. Um Stimmung zu machen gegen westliche Waffenlieferungen, wurden russische Quellen nicht müde, Geschichten in die Welt zu streuen, wonach ein Großteil dieser Waffen weder bei der Armee noch bei der Legion lande und stattdessen in dubiösen Kanälen verschwinde. Vor allem im Internet und speziell auf prorussischen Telegram-Kanälen hieß es immer wieder, kriminelle Netzwerke, unterstützt oder gar angetrieben von korrupten Militärs, würden Waffen und Munition in beträchtlichen Mengen abgreifen und verhökern – im Darknet, irgendwo auf dem Schwarzmarkt, selbst heimliche Großlieferungen nach Afrika sollte es geben. Beispielsweise wurde im Netz ein Video verbreitet, dass angeblich zeigte, wie Stinger-Flugabwehrraketen, die Deutschland für die Gegenoffensive in Charkiw an die Ukraine geliefert hatte, über den Schwarzmarkt ins Land zurückkämen. Drum herum wurden vermeintliche Beweise zusammengeschustert und ebenfalls viral geschickt – etwa eine Meldung über die Festnahme ukrainischer Waffenhändler in Bremen, die sich genauso als Fälschung herausstellte wie ein gefakter Brief des ukrainischen Verteidigungsministers an dessen Amtskollegen im Außenministerium, in dem er die Sicherstellung zweier solcher Stinger-Raketen auf einem ukrainischen Frachtschiff im Bremer Hafen bestätigte.

Der schwerste Vorwurf gegen das Kommandeurstrio war jedoch, dass sie mehrmals Untergebene in Selbstmordmissionen geschickt und damit Menschenleben auf dem Gewissen hätten. In einem solchen Fall seien Legionäre an der Front in eine »verbrannte« Stellung beordert worden, in der vorher bereits ein anderes Team von russischen Kräften aufgeklärt worden war, wobei es wohl auch Tote und Verwundete unter unseren Leuten gegeben hatte.

Obwohl der Bericht sowohl beim Inlandsgeheimdienst SBU als auch bei der Militärstaatsanwaltschaft eingereicht wurde und später sogar im ukrainischen Parlament und im Büro des Präsidenten landete, wurden weder Sascha noch die anderen beiden ihrer Posten enthoben. Es schien, als wären nicht einmal Ermittlungen in Gang gesetzt worden, um die Anschuldigungen zu prüfen. Aber das kann ich nicht beschwören. Vielleicht haben sie sich auch geschickt herausgewunden. Oder es hielt jemand aus der obersten Etage eine schützende Hand über sie. Wir Legionäre wurden jedenfalls über nichts informiert. Es wussten aus unseren Kreisen nur wenige, dass dieser Bericht existierte. Das änderte sich erst, als die Aufzeichnungen dem *Kyiv Independent* zugespielt wurden, der daraufhin recherchierte und eine ausführliche Dokumentation dazu veröffentlichte. Das war im August. Die Verfasser des Berichts hatten sich an die

Journalisten gewandt, nachdem all die Monate von staatlicher Seite nichts geschehen war. Angeblich wurden dann doch Ermittlungen angeschoben. Irgendwo las ich, die Staatsanwaltschaft habe gegen Sascha ein Verfahren wegen Machtmissbrauchs eröffnet. Und der Inlandsgeheimdienst untersuche den Vorwurf des Diebstahls von Waffen. Was daraus wurde, weiß ich nicht.

Sascha ging später nach Saporischschja. Von dort hörte man Ähnliches über ihn. Der *Independent* legte im November einen zweiten Artikel über die Zustände bei der Legion nach. Auch darin kam Sascha nicht gut weg. Und noch andere Vorgesetzte in anderen Orten, mit denen ich nichts zu tun hatte. Seitdem habe ich ihn aus dem Blickfeld verloren. Von anderen Legionären hört man unterschiedliche Sachen. Die einen sagen, Sascha sei nach wie vor als Kommandeur bei der Legion. Andere wollen wissen, dass es ihn bei einer Mission bei Saporischschja erwischt hat, dass er tot ist. Und auch die Variante, er verstecke sich irgendwo, um nicht eingebuchtet zu werden, machte schon die Runde.

Wie gesagt: All diese Geschichten, von denen ich selbst welche erleben sollte, wie zum Beispiel einen dieser mysteriösen Waffenabtransporte, kannte ich damals noch nicht. Für uns hieß es erst mal: Lebt euch ein. Unsere Einheit wurde in Sascha's Palace, wie wir das Wohnheim später nannten, auf Zweier- und Dreierzimmern verteilt. In der sechsten Etage. Die Etagen darunter waren alle belegt, die über uns frei. Zu dem Zeitpunkt bestand unsere Truppe aus siebzehn Mann: drei Teams zu je fünf Personen, der finnische Major und ein Übersetzer. Mit dem hatten wir allerdings wenig zu tun, da er die meiste Zeit von Sascha beansprucht wurde. Wie im Camp machte der Major den Teamleader, ich war sein Stellvertreter, sein 2IC. Die Arbeit blieb in der Regel an mir hängen. Der Major, den ich auf Ende fünfzig, Anfang sechzig schätzte, tat sich jedenfalls nicht durch gesteigerten Aktivismus hervor. Oder es lag wieder mal an meiner jugendlichen Ungeduld, dass ich diesen Eindruck hatte.

Gegen den Lagerkoller.

Die ersten Tage passierte gar nichts, die absolute Eintönigkeit, verschlimmert durch die Anweisung, das Gebäude nicht zu verlassen, was unserem Schutz diente, wie uns gesagt wurde – und vermutlich sogar stimmte. Man konnte nie wissen, wo die nächsten russischen Raketen einschlagen würden. Und es war auch besser, wenn nicht jeder sofort sehen konnte, dass das Wohnheim voller Soldaten steckte.

Ich teilte mir ein Zimmer mit Itamar und Cooper, von ihnen war schon die Rede. Noch nicht erwähnt hatte ich, dass Cooper, der Australier, gedrungene Statur, glatzköpfig, etwas älter als ich (mehr sollte ich nicht verraten), sich in die Einheit gemogelt hatte. Er besaß keine militärische Erfahrung, verriet aber auch nicht, was er beruflich bisher gemacht hatte, außer dass er mal andeutete, irgendwas mit dem Geheimdienst zu tun zu haben.

Im Nachbarzimmer, mit dem wir uns ein Bad teilten, waren Josef, der deutsche Polizist, und Zagg untergebracht. Zagg, ein Amerikaner, knapp dreißig, gehörte schon zur Zeltbesetzung in Jaworiw. Allerdings war er mir dort nicht aufgefallen, was an seiner unscheinbaren Gestalt gelegen haben könnte. Wenn man ihn sieht, würde man niemals vermuten, dass sich jemand wie er freiwillig aufmacht, um mit der Waffe in der Hand in den Krieg zu ziehen. Eher klein und schmächtig von Statur, gibt er nicht ansatzweise das Bild eines Kämpfers im Schützengraben ab. Dabei ist Zagg ein bemerkenswerter Mensch. Nicht nur weil er orthodoxer Jude ist und sich nach eigenem Bekunden streng an jede einzelne der 613 Mitzwot der Tora hält. Ich lernte ihn als absolut ehrlich und vertrauenswürdig kennen, was ihn geradezu einzigartig machte – umso mehr auf dem Flecken Erde, auf dem wir uns begegneten. Er besitzt einen total moralischen Kompass, der ihn durchs Leben navigiert. Zagg ist einfach eine durch und durch unschuldige Seele. Man konnte kaum glauben, dass es so etwas in der heutigen Zeit gibt. Da stellte sich natürlich die große Frage, was ihn in die Ukraine getrieben hatte. Wir sprachen häufig und nicht selten auch länger miteinander. Er gab mir in Sascha's Palace und auch später so manche Bibelstunde, und damit meine ich die Hebräische Bibel, von der die Tora ein Teil ist. Trotzdem hatte ich nicht die leiseste Ahnung – und habe sie auch heute nicht –, warum er dort war, außer dass er sich berufen gefühlt haben muss. Ähnlich wie es bei mir gewesen war. Man folgt einem Gedanken, weil man ihm folgen muss, wenn man sich nicht selbst verleugnen will.

Die Zeit floss zäh dahin. Wir trainierten ein bisschen, recht unkoordiniert und mehr oder weniger auf Zuruf. Außerdem beschäftigten wir uns mit unseren Waffen, putzten sie, nahmen sie auseinander und setzten sie wieder zusammen. In der Freizeit surften wir im Handy durchs Internet oder guckten uns Filme an, das unbegrenzte Datenvolumen machte es möglich. Oder man redete mit jemandem. Da wir einander kaum kannten, lag jedes Thema noch unberührt vor uns. Natürlich unterhielten wir uns auch über den Krieg, wie wir die Dinge sahen, politische Fragen und militärische und was uns wohl erwartete. So etwas wie militärische Ordnung fand nicht wirklich statt, nicht morgens und auch sonst nicht. Kein Weckdienst, niemand, der einen zum Frühsport animierte. Ein bisschen Kraftsport auf dem Korridor wäre möglich gewesen – wir waren uns komplett selbst überlassen.

Das konnte man gut finden, weil keiner nervte. Aber auch schlecht, weil wir nicht dort waren, um dabei zuzusehen, wie unsere Lebenszeit sinnlos verrann. Zumal wir oft genug an unsere eigentliche Aufgabe erinnert wurden. Besonders abends, ab Einbruch der Dunkelheit, wenn die App Luftalarm meldete oder wenn man in der Ferne Explosionen hörte, verursacht durch die Einschläge russischer Cruise-Missiles. Anfangs zuckte man jedes Mal zusammen, wenn die Explosionen etwas näher waren und das Krachen lauter. Nach einigen Wochen hörte man diese Explosionen immer noch. Dann unterbrach man kurz, was man gerade machte. Und falls man mit jemandem zusammensaß, fragte man denjenigen vielleicht, ob er auch das Gefühl habe, dass es häufiger rummst oder eben seltener, je nachdem. Man wartete noch seine Antwort ab, aber dann ging man wieder zur Tagesordnung über, fast so, als wären die Geräusche des Kriegs zum Soundtrack des Alltags geworden.

Die einzige Struktur erhielt der Tag durch drei Mahlzeiten. Hatten wir Glück, gab es mittags gekochtes Hähnchen mit Buchweizen und einer Scheibe trockenem Brot. Die Alternative war Fisch. Gab es den, hatte uns das Glück kurzfristig verlassen, mich zumindest, andere mochten ihn vielleicht. Zum Frühstück erfreuten sie uns mit Salo im Glas, eingelegt in etwas Undefinierbares. So manches Mal musste ich an Marianna denken, unser hübsches Au-pair, die das Zeug verdrückt hatte wie andere Gummibärchen. Insgesamt war die Versorgung so, dass niemand Gefahr lief, Fett anzusetzen, im Gegenteil. Eher machten wir uns Sorgen, zu wenig zu essen, vor allem zu wenig Vitamine. Auf einmal war Skorbut ein Thema in unseren

Köpfen. Daran hatte ich vorher nie gedacht. Kaum etwas, das wir aßen, in dem Vitamin C drin gewesen wäre, nicht wirklich. Das soll kein Vorwurf sein, viele Menschen in dem Land hatten weitaus schlimmere Probleme. Ich versuche nur, die Situation zu schildern.

Dabei hatten wir sogar noch Glück. In dem Wohnheim waren vorher Studentinnen untergebracht gewesen. Wie es aussah, hatten die Mädels alles stehen und liegen lassen müssen, als sie evakuiert wurden. In dem Stockwerk über uns, wo noch keine Legionäre eingezogen waren, fanden wir in fast jedem Zimmer eine kleine Hausapotheke. Streng genommen war es Diebstahl, aber aus der Not heraus. Hätten wir in eine Apotheke gehen dürfen, hätten wir es gemacht. Wir vergriffen uns auch nur an Vitaminpillen, da verbürge ich mich für mein Team. Und an Medikamenten, die bei Grippe und Erkältung Linderung versprachen. In den ersten Wochen müssen fiese Viren unterwegs gewesen sein. Es erwischte so ziemlich jeden, ob Erkältung, Grippe oder COVID. Wobei COVID eine Vermutung meinerseits war. Die Symptome, die bei manchen auftraten, sprachen eindeutig dafür. Interessiert hat das jedoch niemanden. Keiner wurde getestet, und Masken waren sowieso kein Thema. Aber die Medikamente der Studentinnen retteten uns den Arsch, um es mal deutlich auszudrücken.

Da die Tage in Eintönigkeit versanken, kamen sie einem viel länger vor. Der Kaugummieffekt: Eine Woche zog sich, als wäre sie ein Monat. Dann sollte es plötzlich ernst werden. Eine Mission stand an, sie brauchten ein Team. Zugegeben, ich hatte etwas nachgeholfen, das Rumsitzen machte einen mürbe. Ich war zu Sascha gegangen und hatte ihm gesagt, wir seien bereit. Offenbar war das der normale Weg, musste ich auch erst lernen.

Bevor wir Einzelheiten der geplanten Mission erfuhren, klärte ich, dass wir unsere Kalaschnikows, die wir aus dem Militärlager in Jaworiw mitgebracht hatten, gegen moderneres Gerät tauschten. Konkret gegen die CZ Bren2, ein leichtes, hochpräzises Sturmgewehr tschechischer Produktion, mit das modernste und beste Modell, das auf dem Markt ist. Damit ausgestattet, fuhren wir noch am selben Tag zu einer unterirdischen Schießbahn, die sich in der Nähe eines kleines Platzes mitten in Kiew befand. Dort gab es zwar nur 25-Meter-Bahnen, was nicht ideal war, aber es genügte, um die Waffen einzuschießen, ihre Visierung so anzupassen, dass die Geschosse die Zielmitte trafen. Nebenbei bemerkt, die Gewehre waren fabrikneu, noch originalverpackt. Und von da an blieben sie am Mann, das heißt, sie zogen mit in unsere Zimmer ein. Aber das musste einem Soldaten im Krieg natürlich nicht erst erklärt werden.

Später dann das Briefing: Für uns sollte es nach Irpin gehen, einer Kleinstadt rund 25 Kilometer nordwestlich von Kiew. Heute weiß fast jeder, wo Irpin liegt, damals war der Ort für die meisten ein weißer Fleck auf der Landkarte. Seit Wochen wurde er schwer umkämpft. An die 200 Einwohner, die nicht rechtzeitig evakuiert werden konnten, waren getötet worden. Erschossen, von Panzern überrollt oder Opfer von Raketenbeschuss. Die Stadt galt als letztes Bollwerk vor Kiew. Wäre es gefallen … aber es fiel nicht. Bei aller Skrupellosigkeit, mit der die Russen vorgegangen waren, vor allem auch gegen die Zivilbevölkerung, war es ihnen nicht gelungen, sie vollständig einzunehmen, sich festzusetzen. Und nun hatten die ukrainischen Truppen sie bis hinter die Stadtgrenze zurückgedrängt, Richtung Butscha, dem anderen Ort, der zum Synonym für die Grausamkeiten der russischen Aggressoren wurde. Auch davon wusste man zu der Zeit noch nichts. Es war einer der letzten Märztage.

DIE ERSTE MISSION

IRPIN

Vor Sascha's Palace wartete ein Minibus auf uns, bordeauxrot, an den Seiten und auf dem Dach große rote Kreuze auf weißem Grund, nicht zu übersehen, auch aus der Luft. Das war unsere Tarnung, damit wir nicht angegriffen wurden. »War Crime Wagon«, so nannten wir die Kutsche. Genau genommen verstießen wir damit gegen die Genfer Konvention. Ein Truppentransporter, der daherkam wie ein Sanitätsfahrzeug. Fällt in die gleiche Kategorie, wie wenn man die Uniform des Feinds trägt. Aber: Der Zweck heiligt die Mittel, wohl auch im Krieg. Wir fuhren danach fast immer in solchen Schummelkarossen. Es war die sicherste Methode.

Etwa eine Stunde waren wir unterwegs, dann erreichten wir einen Wald vor der südlichen Stadtgrenze von Irpin. Unser Team bestand aus elf Mann. Da der Major mit einem anderen Teil unserer Gruppe im Einsatz war, trug ich die Verantwortung als Teamleader. Wir saßen ab und marschierten los. Hinter dem Wald mussten wir den Fluss Irpin überqueren. Zwischen Wald und Fluss war offenes Gelände. Wir liefen im Laufschritt, um nicht unnötig lange Zielscheiben abzugeben, falls uns die Russen im Visier hatten. Rechnen musste man damit immer. Zu dem Zeitpunkt lenkten sie auf jede kleine Truppenbewegung, die sie spitzkriegten, Steilfeuer. Das heißt, Mörser und Haubitzen schickten ihre Granaten in einem Winkel von über 45 Grad zum Boden auf die Reise – und entsprechend kamen sie dann auch steil von oben auf das Ziel zu. Es fühlte sich nie gut an, für den Feind potenziell sichtbar zu sein, aber das machte die Beine schneller.

Die Hauptbrücke über den Irpin hatten die ukrainischen Truppen gesprengt, als die Russen angerückt waren, um das weitere Vordringen Richtung Kiew zu verhindern. Allerdings war damit auch ein Fluchtweg für die Bevölkerung zerstört worden. Um über den Fluss zu gelangen, mussten die Leute halb durchs Wasser über Bretter, Rohre und Betonteile balancieren. Mitnehmen konnten sie nicht viel, manche nur das, was sie am Leib trugen und auf dem Rücken transportieren konnten. Davon hatte ich Bilder gesehen.

Uns blieb eine Holzbrücke, die klapprig war, ihren Zweck aber erfüllte. Hinter dem Fluss wieder offenes Gelände, eine Wiese, die wir erneut im Laufschritt hinter uns ließen. Ziel war das erste Haus an der Südspitze, aber nur als Zwischenstation. Von dort würde es weitergehen. Doch erst mal mussten wir warten, bis ein zweites Fahrzeug kam. Das erste stand schon bereit, ein weißer Kleinbus, acht Sitze, außen rote Kreuze zur Tarnung. Dann rollte noch ein Lada-Kombi an, für den Rest von uns, und wir konnten los. Der Plan war, die Stadt zu durchqueren, um an der Stadtgrenze im Norden einen Observationsposten zu beziehen.

Wir kamen ungefähr bis zur Hälfte und noch ein kleines Stück weiter, dann wurde die Straße unpassierbar.

In der ganzen Stadt Spuren von Artilleriebeschuss. Es muss hauptsächlich Steilfeuer gewesen sein, das war nicht zu übersehen. Überall Einschläge im Boden, Löcher in Häuserfassaden, zerstörte Dächer, umgestürzte Bäume, ausgebrannte Fahrzeuge. Kriegslandschaft. Geisterstadt. Nirgends waren Menschen zu sehen, keine lebenden.

Also raus aus den Autos und zu Fuß weiter, die Straße entlang auf dem, was von ihr übrig war. Um die Krater herum, an den Hindernissen vorbei, die ich eben nannte, Autowracks und das andere.

Irpin.

Vorbei auch an einem ausgebrannten Radschützenpanzer, einem BTR, russisches Fabrikat. Solche Panzer wurden auf beiden Seiten eingesetzt. Hatten die Russen ihn eingebüßt oder die Ukrainer? Man konnte es nicht erkennen, jegliche Farbe und jede Beschriftung waren weggebrannt.

Dann hielten wir kurz an. Was der Grund war, kann ich nicht mehr sagen. Vermutlich um uns zu orientieren. Es könnte an einer Straßenkreuzung gewesen sein. Ich weiß noch, dass ich mit unserem Dolmetscher redete, wie unsinnig und rücksichtslos es von den Russen war, ziellos in die Stadt reinzubomben. Blinde Kriegsführung ohne Rücksicht auf Verluste. Ohne Verstand. Klare Anzeichen für Wut und Hass. Oder für die hirnlose Ausführung von hirnlosen Befehlen.

Während wir sprachen, wanderte mein Blick durch die Gegend. Erst fiel es mir nicht auf, doch dann sah ich, dass wir – nur ein, zwei Schritte entfernt – neben einer Leiche standen. Ein alter Mann. Er lag halb auf dem Bürgersteig, den Kopf auf der Fahrbahn, das Gesicht auf dem Asphalt, sodass man es nicht sehen konnte. Neben ihm ein Einkaufswagen mit zwei Rädern, so einer, wie ihn ältere Menschen hinter sich herziehen, um ihre Sachen nicht schleppen zu müssen. Der Wagen war umgekippt, der Einkauf halb herausgerutscht, ich sah Wasserflaschen. Was hatte dieser Mann den Angreifern getan?

Wir liefen weiter. Waren wir betroffen? Schockiert? Ich kann nur für mich sprechen. Es war eher so, dass ich den Anblick registrierte und dachte, den wirst du nicht vergessen. Es war eine nüchterne, rationale Feststellung, als wäre ich abgeklärt bis zum Gehtnichtmehr. Inzwischen weiß ich: So was wirkt nach, meistens holt es einen später ein. Die menschliche Psyche. In Stresssituationen erst mal das Schlimmste abwehren, damit andere Hirnfunktionen nicht blockiert werden. Für den Moment half sicher auch, dass ich das Gesicht des Mannes nicht gesehen hatte.

Doch dann kamen wir an Leichen vorbei, wo mir das nicht mehr erspart blieb. Es war kalt und trocken an dem Tag, wie schon an den Tagen zuvor. Zu kalt für Fliegen und Maden und anderes Verwesungsgetier, das sich sonst zuerst über die Schleimhaut im Mund, in der Nase und in den Augen hergemacht hätte. Die Leichen, die wir sahen, waren in dieser Hinsicht unversehrt, aber regelrecht vertrocknet. Ihre Gesichter eingesunken, als hätte die Haut direkt auf den Knochen gelegen. Die Haut sah pergamentfarben aus und wirkte hauchdünn, als könnte sie jeden Augenblick zerreißen.

Ein Mann – es waren fast nur Männer und alles Zivilisten – lag mitten auf der Straße. Auf dem Rücken. Er trug eine Softshelljacke, schwarz oder dunkelblau. Sein Gesicht! Der Mund aufgerissen, als hätte ihn der Tod in einem Moment des größten Schreckens erwischt. Die Zunge aufgequollen, umrandet von strahlend weißen Zähnen. Kurz fragte ich mich, wie alt er wohl gewesen sein mochte. In diesem Zustand wirkte er alt, aber da waren diese weißen Zähne. Es war mehr ein Gedanke, nicht wirklich eine Frage, und ich gab mir auch keine Antwort.

All diese Bilder, diese Eindrücke registrierte ich, während wir unseren Weg zur Stadtgrenze im Norden fortsetzten. Vielmehr: Sie strömten auf mich ein, ob ich wollte oder nicht. Wohin man sah, überall Zerstörung und Elend. Als würden wir durch die Kulisse eines Horrorfilms irrlichtern, ganz am Ende, nachdem alle Grausamkeiten vollbracht waren, bevor der Abspann anfing. Alles kam mir unwirklich vor, obwohl es so verdammt wirklich war, so echt, so grausam echt. Und obwohl ich genau das wusste. Wusste, dass mir meine Augen und mein Gehirn keinen Streich spielten. Dass das alles gerade wirklich geschah. Dass wir in dieser Stadt waren, die verflucht zu sein schien, durch diese Straßen liefen, unser Ziel ansteuerten, als würde uns all das nichts anhaben und uns auch nichts und niemand aufhalten können. Obwohl wir also mittendrin steckten in dieser Szenerie und alles real war, erschien es mir unwirklich, irgendwie surreal. Weil es nicht in meine bisherige Welt passte, alle Vorstellungskraft überstieg.

Ich erinnere mich an einen Mann, der ein Loch im Kopf hatte, einen Einschuss. Ein anderer schien von einem Fahrzeug überfahren worden zu sein. Die Räder mussten seinen Kopf erwischt haben. Oberhalb des Kiefers war es kein Kopf mehr, nur noch eine Masse, platt gedrückt auf dem Asphalt. Der Anblick brannte sich auf meine Festplatte, wo er sich vermutlich nie wieder löschen lässt. Ich muss nur die Augen schließen und an den Tag denken, dann tauchen die Bilder sofort wieder auf – wie Geister.

Dabei war das nur der Anfang. Ein Anfang, der mir sagte: Hier bist du jetzt wirklich im Krieg! Es hätte ein Weckruf sein können. Beim nächsten Mal liegst du dort, neben einem dieser Männer, oder irgendwo anders – das hätte ich mir sagen können. Und es hätten mir noch tausend andere Gründe einfallen können zu verschwinden. Aber solche Gedanken hatte ich dort auf der Straße nicht. Ich hatte auch keine Angst. Obwohl ich wusste, dass die Stellungen der zurückgedrängten Russen nicht weit entfernt waren – ihre Panzer, ihre Artillerie. Lässt sich das erklären? Wahrscheinlich nicht. Es war einfach so.

Fußmarsch durch die zerstörte Stadt.

Wir marschierten weiter. Im Augenwinkel bemerkte ich, dass seitlich von uns, ein Stück entfernt, etwas vorbeihuschte. Ein Hund. Als ich genauer hinsah, erkannte ich ein kleines Rudel. Und ganz in der Nähe ein paar aufgescheuchte Katzen, die offenbar versuchten, sich vor den Hunden in Sicherheit zu bringen. Als wären diese armen Kreaturen das letzte bisschen Leben, das der Stadt geblieben war. Wir sahen aber auch viele tote Hunde. Und tote Katzen. Kadaver, zerfetzt von Granaten, dass man kaum erkennen konnte, was es einmal gewesen war.

Irgendwann erreichten wir das Zielobjekt, eine kleine Villa im Norden der Stadt, an der westlichsten Ecke gelegen. Es war die letzte Straße vor einem Wald. Hinter dem Wald lag Butscha.

An der Villa trafen wir auf den Major und die restlichen fünf Leute unserer Einheit. Eine Überraschung. Keiner hatte gewusst, dass sie es waren, die wir ablösen sollten. Mendozza, unser Spezialausbilder aus dem Camp, war natürlich auch dabei. Der Major und er schienen wirklich einen Narren aneinander gefressen zu haben. Keine Ahnung, was die beiden verband. Mendozza wich dem Major nicht von der Seite. Außer ihnen waren noch ein paar Georgier und Moldawier da, die wie wir in Sascha's Palace logierten, aber einer anderen Einheit angehörten.

Wir zelebrierten nun also die Wachablösung, aber nicht nach irgendwelchen militärischen Ablaufregularien, sondern einfach indem ich mir ein Lagebild geben ließ, die Truppe des Majors sich ihre Sachen schnappte und wir unsere in der Villa deponierten. Drei Tage bis eine Woche, hatte der Einsatzleiter im Wohnheim gesagt, würden wir dableiben müssen.

Der Wald sollte vermint sein, nur das erste Stück am Rand nicht. Wo er anfing, auf der anderen Straßenseite, befand sich der eigentliche Observationsposten, abgekürzt: OP. Eine kleine Kuhle zwischen zwei Bäumen, in die zwei Leute hineinpassten, wenn sie eng beieinanderhockten, mehr war es nicht. Wir sollten den Posten ausbauen, tiefer graben, am oberen Rand Erde aufhäufen, mehr Platz schaffen.

Die Villa, die nur wenige Schritte entfernt war, diente als Basis – und als Kampfstellung, falls die Russen aufmarschieren würden. Sie verfügte über zwei Stockwerke, Erdgeschoss und Obergeschoss, und darüber befand sich das Dachgeschoss. Im Obergeschoss ließ ich ein MG-Nest aufbauen. Im Freien würde man so eine Stellung mit Sandsäcken, Baumstämmen oder etwas anderem tarnen, um sie besser zu sichern und damit sie vor dem Feind verborgen blieb. In der Villa genügte es fürs Erste, ein Maschinengewehr in Stellung zu bringen. Und zwar so, dass man gute Sicht in Richtung Feind hatte und aus dem Fenster schießen konnte, sobald er sich blicken ließ. Im Dachgeschoss richteten wir ein Scharfschützennest ein, was nichts anderes bedeutete, als dass wir dort einen Scharfschützen mitsamt seiner Ausrüstung postierten. Das MG-Nest war mit zwei Mann besetzt, Schütze und Assistent – wie im Humvee, nur dass die Räumlichkeiten der Villa mehr Bewegungsfreiheit boten. Allerdings war es abgefuckt kalt, in allen Zimmern. Gefühlt kälter als draußen. Wir hatten dicke Schlafsäcke dabei, aber zum Schlafen brauchte man noch zwei, drei Decken extra, sonst war es nicht auszuhalten.

Ich teilte meine Truppe in zwei Teams auf. Eines führte ich selbst an, das andere übernahm Josef, der nun mein Stellvertreter war. Während die Jungs des einen Teams die Posten im Haus und draußen besetzten und wachten, durften die anderen ruhen – schlafen oder wonach ihnen zumute war, Hauptsache, sie verhielten sich unauffällig und veranstalteten im Garten keine Party. Nach sechs Stunden wurde gewechselt.

Bei allem, was wir taten, mussten wir stets darauf gefasst sein, dass die Russen unsere Stellung aufklären und uns als Willkommensgruß Granaten per Artillerie schicken könnten. Es ging also darum, sich so zu verhalten, als wären wir gar nicht da: kein Licht in der Villa oder die Fenster so abgedichtet, dass man von draußen nichts sehen konnte. Kein Rauch aus dem Schornstein, kein Lagerfeuer hinter dem Haus. Und die Klappe halten, wenn wir uns draußen aufhielten, besonders nachts. Es durfte eigentlich nicht mal Zigarettenrauch aus der Kuhle des Observationspostens aufsteigen. Ob im Hellen oder im Dunkeln, Qualmen unter freiem Himmel ist immer verräterisch. Aber sechs Stunden ohne, welcher Raucher hält das aus? Tagsüber konnten sie meinetwegen in die hohle Hand paffen, aber nachts gab es keinen Kompromiss.

Nachdem ich nun den Idealfall skizziert habe, kurz ein Blick auf die Realität, wie es in Wirklichkeit ablief: Im Großen und Ganzen hielten wir die einzelnen Punkte ein. Was wir allerdings nicht auf dem Schirm hatten, noch nicht, waren Drohnen. Tatsächlich stand hinter der Villa ein Grill. Darin machte manchmal einer Feuer, damit wir heißes Wasser für Kaffee bekamen. Nur bei Tageslicht, aber das war trotzdem riskant. Die Flammen, der Qualm – mit den billigsten Drohnen hätte man das ausspähen können. Die etwas hochwertigeren verfügen über krasse Zoomstufen, sodass sie einen noch aus zwei Kilometer Höhe entdecken, selbst wenn man getarnt ist. Es war dämlich von uns. Ich erkläre es mit mangelnder Erfahrung. In Afghanistan hatte ich nicht wirklich mit Drohnen zu tun gehabt. Aber daran sah man eben auch, dass keiner von uns wusste, was uns in diesem Krieg erwartete.

Der OP war einmal zum Beobachten gedacht, wie man sich denken kann. Von dort ließ sich die Straße ziemlich weit einsehen, über die die Russen hätten kommen müssen. Gleichzeitig konnte man den Wald im Blick behalten, falls es darin eine Schneise ohne Minen gab. Aber wir machten aus dem Posten auch eine Panzerabwehrstellung, ausgestattet mit einem RPG-7, einem Hand-Granatwerfer, der in der Sowjetunion entwickelt wurde und von Armeen auf der ganzen Welt verwendet wird. Es gibt keinen, von dem mehr Exemplare im Umlauf sind. Außerdem hatten wir einen C-90-Granatwerfer, ein spanisches Fabrikat. Für beide Geräte gilt: Sie sind weitestgehend rückstoßfrei, aber keineswegs rückstrahlfrei. Man muss höllisch aufpassen, dass beim Abfeuern der Granaten hinter einem genügend Platz ist, sonst wird man vom Rückstrahl flambiert. Wäre mir fast mal passiert. Nicht in dem Posten, das war später, in einem Humvee in voller Fahrt. Ich hielt das Endstück des Granatwerfers nicht weit genug aus dem Turm, der Feuerstrahl traf das Blech hinter mir, und auf einmal wurde es verdammt heiß.

Eine Sache noch, damit niemand denkt, wir wären in Irpin auf weiter Flur allein gewesen. Wir waren ein kleines Rädchen im Getriebe. Einheiten der ukrainischen Armee hielten im Stadtgebiet die Stellung. Man rechnete damit, dass die zurückgedrängten Russen ihre Kräfte sammelten und bald wieder losbomben würden – und losmarschierten, um doch noch nach Kiew vorzustoßen, die Hauptstadt einzunehmen. Das hätte alles verändert in diesem Krieg.

Diejenigen, die unsere Einsätze planten, werden gewusst haben, welche Einheiten rechts und links von uns standen oder hinter uns, wie sie zusammenwirkten und wo genau der Feind sich breitgemacht hatte. Uns gab man ein kurzes Briefing, bevor es losging, und damit hatte es sich im Wesentlichen. Draußen schnappten wir ab und zu Funksprüche der ukrainischen Kräfte auf. So konnte man sich einiges zusammenreimen. Obwohl wir nie wussten, ob wir damit richtiglagen. Insgesamt fielen die Informationen, die wir als Legionäre erhielten, extrem dürftig aus. Wir erfuhren, was wir unbedingt wissen mussten, und davon meist auch nur die Hälfte. Das war so bei dieser ersten Mission, und es änderte sich danach nicht.

Nachdem alles eingerichtet war, schob ich mit Heinrich, dem Bundeswehrveteranen, der im Bosnienkrieg gekämpft hatte, die erste Schicht im OP. Es war später Nachmittag, noch hell. Wir redeten über Gott und die Welt. Na gut, wahrscheinlich eher über Kriegerethos und solche Sachen.

Auf einmal tauchte eine ungepflegte Gestalt auf, gebeugter Rücken, die Kleidung verschlissen, dass sie eine passable Vogelscheuche abgegeben hätte. Sie kam nicht aus der Richtung des Feinds, sondern von der anderen Straßenseite. Es war ein älterer Mann, er lief direkt auf uns zu, als hätten wir zum Kaffee geladen. Und als wäre das kein Observationsposten, der möglichst geheim bleiben sollte, sondern ein öffentliches Plätzchen, an dem man sich mit Freunden trifft und plaudert. Exakt so verhielt sich unser Besucher, der betrunken zu sein schien, auf jeden Fall angeschickert. Aber er war nicht unfreundlich. Setzte sich an den Rand unserer Kuhle und redete drauflos, auf Russisch. Wir verstanden kein Wort, versuchten auch, ihm das deutlich zu machen, doch das bremste seinen Rededrang nicht im Geringsten, er brabbelte und brabbelte. Mal ging seine Stimme etwas hoch, dass sie eine Spur energischer wirkte. Dann wieder wurde sie so leise, dass man denken konnte, er spreche mit sich selbst. Nach einer Weile hatte er Tränen in den Augen. Verlegen wischte er sie mit den Händen weg, wie ein kleiner Junge, der sich dafür schämt. Ein paarmal fiel das Wort Russki. Immer dann änderte seine Stimme ihren Klang, und seine Augen wurden größer, und er wirkte aufgebracht – aber auch so, als wüsste er nicht, wohin mit seinen Gefühlen und mit sich selbst.

Irgendwann rappelte er sich auf, blieb vor uns stehen und sah uns an – mit einem Blick, der ratlos wirkte, als wäre ihm klar geworden, dass sein Vortrag umsonst war, dass wir seine Welt auch nicht retten konnten. Dann drehte er sich um und trottete davon, zurück über die Straße, zu dem Grundstück neben der Villa, wo er in einer Holzhütte verschwand. In der Ferne war das Pfeifen von Granaten zu hören.

Allmählich wurde es dunkel, und als hätten die russischen Truppen nur auf den Sonnenuntergang gewartet, wurde das Pfeifen lauter, und die Granaten schienen näher zu kommen. Es war das erste Mal, dass ich Artilleriebeschuss erlebte – so erlebte, als wäre ich, wären wir das Ziel. Das ist ein nicht unerheblicher Fakt. Zuerst reagierten wir nämlich noch nicht, zu weit schien uns das Feuer entfernt. Doch es kam näher. Bis ich dachte – wir beide dachten –, die Geschosse würden in nächster Nähe einschlagen, sodass wir uns augenblicklich auf dem Boden langmachten, um nicht von Granatsplittern erwischt zu werden. Dabei schossen die Russen über uns hinweg. Offenbar visierten sie ein Ziel an, das irgendwo hinter uns in der Stadt lag. Nicht Kilometer entfernt, aber auch nicht so dicht dran, wie es mir anfangs vorkam – vielleicht waren es achtzig Meter, vielleicht hundert. Man glaubt gar nicht, wie schnell man lernt, das besser einzuschätzen – wie weit die Granaten fliegen, in welcher Richtung sie unterwegs sind und wo ungefähr sie einschlagen werden.

Mitten in der Nacht schienen die Russen das Feuer tatsächlich auf uns zu verlagern. Unsere Schicht im OP war zu Ende, jetzt hockte die Ablösung draußen. Das Pfeifen und die Explosionen wurden noch lauter. Oder wir bildeten uns das nur ein, aber das glaube ich nicht. Wir überlegten, ob es sicherer wäre, die Villa zu verlassen, entschieden uns aber dagegen. Wohin hätten wir uns verdrücken sollen? Irgendwann schlief ich sogar ein, hundemüde wie ich war, obwohl das Feuerwerk draußen weiterging.

Man darf sich das jetzt nicht als die große nächtliche Erholung vorstellen. Ich schlief, wurde von einer Explosion geweckt, schlief wieder ein, wachte wieder auf. Oder es war einer der schrillen Pfeiftöne, der mich aufschreckte. Hat man dieses Pfeifen einmal gehört, hört man es auch, wenn es gar nicht da ist.

Bis ich dran war, die Frühschicht im Dachgeschoss zu übernehmen. Vielleicht war ich damit auch schon fertig. Niemand wird erwarten, dass ich jede einzelne Stunde in der richtigen Reihenfolge zusammenbekomme. Das Entscheidende ist, dass ich nach unten gegangen war, um mir einen Kaffee zu machen. Auf einmal setzte wieder Artilleriefeuer ein. Vorher war es eine Weile ruhig gewesen. Ich kam also ins Erdgeschoss. Einer unserer Leute stand in der offenen Haustür, sah nach draußen. Er hörte mich kommen, oder ich sagte etwas zu ihm. Auf jeden Fall drehte er sich zu mir um. In dem Moment explodierte auf der anderen Straßenseite eine Granate. Wie ein Blitz schoss mir durch den Kopf, dass die Russen nun wussten, dass jemand in der Villa war. Wir rannten raus, hockten uns an die Hauswand, pressten die Gesichter auf den Boden. So hatten die Ukrainer uns das vorher erklärt: Wenn Artillerie auf euch gerichtet ist, schnell raus und klein machen. Und nicht bewegen. Sozusagen unsichtbar werden.

Um uns herum schlugen Granaten ein. Ein Baum ganz in der Nähe wurde getroffen, die Straße, auf der wir gekommen waren, in eine Kraterlandschaft verwandelt.

Heinrich und Zagg, die herzensgute Seele, waren zu der Zeit im Observationsposten. Als die ersten Granaten kamen, warf sich Heinrich auf Zagg, um ihn zu schützen. Das deutsche Kriegerethos schirmte den orthodoxen Juden ab. Einen kurzen Moment davor war unser trinkfreudiger Nachbar aus seiner Holzhütte getreten. Er trug ein Tablett mit Kaffee und Bechern, die er den beiden bringen wollte. Es krachte, er ließ vor Schreck das Tablett fallen und lief zurück in seine Hütte, wohin sich auch sein Hund verkroch. Dann dauerte es nicht lange, und eine Haubitzengranate schlug in die Hütte ein. Den Einschlag selbst hatte ich nicht gesehen, aber ich sah, wie die Hütte anfing zu brennen. Ich dachte: Hoffentlich ist da keiner drin. Heinrich aber musste den Alten mit dem Tablett vor der Tür gesehen haben. Er rannte zur Hütte, stieß, ohne zu zögern, die Tür auf und holte den Alten und seinen Hund heraus, brachte beide zu uns. Zusammen hockten wir im Mauerschatten.

Schwer zu sagen, wie lange das Artilleriefeuer an dem Morgen dauerte. Es kommt einem immer wie eine Ewigkeit vor. Was daran liegt, dass man die ganze Zeit angespannt ist – in einem Bereich, der über dem liegt, was man für sich als Limit empfindet.

Zuerst ist das Pfeifen zu hören. Es ist derart nervenaufreibend. Man hockt sich hin, das Gesicht zum Boden. Das Pfeifen ist immer noch da. Vor dem inneren Auge sieht man, wie die Granate genau an der Stelle einschlägt, wo man sich gerade befindet. Und man denkt: Das war's jetzt – adieu, schöne Welt. Schöne beschissene Welt. Dann hört das Pfeifen plötzlich auf. Für einen Sekundenbruchteil ist es still. Und obwohl es wirklich nur eine verflucht kurze Zeit ist, kaum mehr als Wimpernschlag, ist diese Stille kaum zu ertragen. Weil man weiß, was danach kommt: ein unfassbar lautes Krachen. Und weil man denkt, wieder denkt, immer noch denkt, es ist das Ende. Dann kommt dieses Krachen, dass man glaubt … nein, man scheißt sich eher in die Hose, als dass man irgendetwas glaubt. Und zugleich durchströmt einen eine Welle der Erleichterung, die so gewaltig ist, dass es sich nicht einmal gut anfühlt, eher wie ein Schmerz. Und noch ehe etwas ins Lot kommt, man einen halbwegs klaren Gedanken fassen kann, hört man schon das nächste Pfeifen. Und alles geht von vorn los. Und du weißt, du kannst nichts anderes machen, als dich auf den Boden zu schmeißen. Und zu hoffen. Hoffen, dass es dich nicht trifft. Hoffen, dass sie aufhören zu schießen. Nur hoffen, sonst nichts.

Ich sag immer: Jedes Pfeifen dieser Granaten ist wie ein kosmischer Würfelwurf.

Irgendwann flauten die Angriffe ab, und wir machten uns daran, den Observationsposten auszubauen. Das war schließlich ein Teil unseres Auftrags. Abgesehen davon, sich in körperliche Arbeit zu stürzen, war nicht das Schlechteste, um der Psyche etwas Entlastung zu verschaffen. Die Kuhle sollte so tief ausgehoben werden, dass zwei Mann komfortabel darin hocken konnten. Zagg und ich machten uns an die Arbeit. Cooper und Itamar gruben zwei weitere Schützenlöcher, ein Stückchen entfernt. Der Gedanke dahinter war, dass im Notfall alle aus unserem Team in einem der Löcher Schutz finden würden. Wir kriegten sogar Unterstützung. Unser trinkfreudiger Nachbar – inzwischen wussten wir, dass er Andrej hieß – kam mit zwei Kumpanen, wo auch immer die sich vorher versteckt hatten. Sie brachten Schaufeln mit, auch für uns, und hoben selbst ein Loch aus.

Wir waren vielleicht eine halbe Stunde dabei, als das Artilleriefeuer erneut einsetzte. Wieder Pfeifen, wieder Explosionen, kein bisschen leiser, also waren die Einschläge wieder so nah wie zuvor. Oder noch näher. Zwischen zwei Explosionen blieb uns gefühlt eine halbe Minute, um weiterzubuddeln. Was wir auch taten, die Pfeiftöne gaben uns einen gewissen Rhythmus vor – und natürlich die Explosionen: zwei-, dreimal schaufeln, in den Dreck werfen, Atem anhalten, dann Luft holen, sich aufrichten und wieder schaufeln. Und die Angst verdrängen, dass einem jeden Augenblick das Licht ausgeknipst wird. Es nahm irrwitzige Züge an. Eine Granate schlug ein, im Garten der Villa oder auf der Straße, gerade fünfzehn Meter von uns entfernt. Es können auch zehn Meter gewesen sein oder zwanzig, das machte keinen Unterschied. Der Lärm war derselbe. Die Angst war auch dieselbe.

Und die Erleichterung, die wehtat, im Moment des Begreifens, dass man noch lebte. Zagg lachte, ich lachte, aber es war kein Lachen der Erleichterung oder des Frohseins. Wir lachten hysterisch. Ein Lachen, wie ich es von mir nicht kannte. Nach der nächsten Detonation machten wir Witze, irgendeinen Schwachsinn, an den ich mich nicht erinnere. Ich weiß nur, dass wir uns Worte entgegenschrien und sofort wieder dieses hysterische Lachen einsetzte, bei uns beiden. Und irgendwann hockten wir in dem Loch und beteten, Zagg auf Hebräisch, ich auf Deutsch. Und es war, als würden wir die gleiche Sprache sprechen, den gleichen Gott anbeten.

Es hörte dann irgendwann auf, etwa als die Dämmerung einsetzte. Der Schichtwechsel kam, und ich konnte wieder sechs Stunden schlafen. Offenbar war die Erschöpfung mächtiger als die Angst und das Aufgewühltsein. Aber auf Missionen kann ich eigentlich immer schlafen. Und wenn es in einem Schützenloch sein muss, unter freiem Himmel. Oder auf einer Schießbahn. Sobald Schlafen angesagt ist, schlafe ich. Das funktioniert in Kasernen auch wunderbar. Auf den Rücken legen, Augen schließen, warten, bis man anfängt, müde zu werden, dann bequem auf die Seite rollen und ab ins Schlummerland. Zu Hause im weichen Bett ist es eine andere Geschichte, da habe ich oft Probleme einzuschlafen, inzwischen noch mehr. Vor allem wenn niemand an meiner Seite ist, dann liege ich da, schließe die Augen ... und statt des Schlafs kommen die Erinnerungen. Bilder, Gerüche, Worte, alles Mögliche.

In der Nacht lieferten sich ukrainische und russische Truppen ein Artilleriegefecht. Die Russen, die Irpin ums Verrecken nicht aufgeben wollten, schossen ihre Granaten über uns hinweg in die Stadt hinein. Die Ukrainer feuerten in die andere Richtung zurück. Ab und zu landeten Geschosse in unserem Bereich, aber die Einschläge waren nicht annähernd so intensiv wie am Nachmittag. Dieses gegenseitige Bombardement zog sich bis zum Morgengrauen. Zuerst verstummten die Russen, während die ukrainischen Batterien noch eine Weile Granaten losschickten. Dann kehrte Ruhe ein. Relative Ruhe, denn jetzt waren die Hunde wieder deutlich zu hören, die den ganzen Tag über kläfften. Und die ganze Nacht hindurch, dass man sich fragte, ob es ihre Art von Klagegesang war für all die getöteten Artgenossen, denen wir auf dem Weg begegnet waren.

Hunde weinen nicht, wenn sie trauern, sie jaulen und winseln. Und manche sind ganz still. Vor einem Haus auf der Straße, wo sich unser erster Observationsposten befand, hatten wir einen jungen Hund entdeckt, einen Welpen, der sich nicht vom Fleck zu rühren schien und auch nicht Reißaus nahm, als wir näher kamen. Dann sahen wir, dass neben ihm ein toter Hund lag oder eine Hündin. Ein Schäferhundmischling, würde ich sagen, offenbar die Mutter des Kleinen. Das arme Tier war übel zugerichtet. Sah ganz nach Mörsergranate aus. Als wären die Beine weggesprengt worden. Wer weiß, wie lange der Welpe schon so dasaß. Er war total scheu und sah hungrig aus. Wir brachten ihm Futter, aber nichts von dem, was wir ihm hinlegten, rührte er an. Stattdessen schnappten andere Hunde, die dort herumstreunten, alles weg. Wir versuchten es jeden Tag wieder, mehrmals, er schnupperte nicht mal daran. Als wir das letzte Mal hingingen, saß er nicht mehr an seinem Platz. Er stand dicht bei seiner Mutter, hatte etwas im Maul und kaute – anscheinend hatte er angefangen, ihren Körper zu fressen.

Wir blieben drei Tage in der Villa, dann rückte unsere Ablösung an. Der neue Trupp bestand hauptsächlich aus Georgiern. Diesmal gab ich unser Wissen weiter: die Minen im Wald, der ausgebaute OP, die zwei neuen Schützenlöcher, die wir gegraben hatten. Unseren Nachbarskumpel Andrej erwähnte ich auch. Und den kleinen Luftschutzbunker, den Josef am Morgen im Garten entdeckt hatte, besser gesagt: unter dem Garten. Er war hinter der Villa auf eine Treppe gestoßen, die in die Tiefe führte. Der Bunker war noch ganz gut in Schuss, auf jeden Fall würde man beim nächsten Bombardement dort unten sicherer sein, als wir es im OP und im Schatten der Hauswand waren. Wäre besser gewesen, wir hätten gleich davon gewusst. Anscheinend waren unsere Vorgänger nicht so neugierig gewesen. Josef hatte ihn auch eher zufällig gefunden. Für die nächste Mission schrieb ich mir hinter die Ohren: als Erstes das Objekt gründlich erkunden.

Mit den Georgiern war auch der Einsatzleiter, der uns herbegleitet hatte, gekommen. Wir verstauten unseren Kram im Fahrzeug und stiegen ein, wieder in einen War Crime Wagon, mit der üblichen Tarnung. Unsere Essensrationen, die wir noch hatten, ließen wir den Hunden da, die in der Gegend der Villa herumstromerten. Es war früh am Nachmittag. Eine Stunde ungefähr, dachten wir, dann würden wir wieder in Kiew sein, in Sascha's Palace. Doch wir sollten uns irren.

BUTSCHA

BUTSCHA

Die Fahrt dauerte nur wenige Minuten. Fast hätten wir hinlaufen können. Der Wagen brachte uns gerade mal bis in die Innenstadt von Irpin, zu einem Plattenbau, der relativ neu zu sein schien. Helle Fassade, sechs Stockwerke, kaum Spuren vom Krieg, nicht außen. Es waren schon andere Soldaten dort, auch Legionäre, zwei oder drei Teams. Der Einsatzleiter erklärte, dass wir am nächsten Tag in Butscha eingesetzt würden. Deswegen wäre es unsinnig, nach Kiew zurückzufahren. Es war nicht ganz klar, wo die Russen aktuell standen. Doch die ukrainische Seite rechnete offenbar fest damit, dass es nur noch eine Frage von Stunden war, bis sie nach Irpin auch den Rückzug aus Butscha antraten. Special Forces der ukrainischen Bodentruppen sollten dann die erste Welle machen, man könnte auch sagen, den Russen einen letzten Arschtritt verpassen, damit sie auch tatsächlich verschwanden. Dahinter, so war es vorgesehen, sollten wir folgen. Unsere Aufgabe wäre dann, uns bis zu einem Observationsposten durchzuschlagen, den zu beziehen und einen Bereich von Butscha abzusichern.

Über Nacht änderte sich der Plan. Am nächsten Morgen hieß es, die Sache verzögere sich, wir müssten warten. Aber wir blieben an Ort und Stelle.

In dem Gebäude befanden sich größtenteils Einzimmerapartments. Sämtliche Bewohner waren geflüchtet. Ihr Hab und Gut hatten sie zurücklassen müssen. Viele der Wohnungstüren waren aufgebrochen, aus den Angeln gerissen, wer auch immer das getan hatte. Ich vermutete, dass es Soldaten waren, die ein Quartier gebraucht hatten. Kollateralschäden des Kriegs. Wir hätten es nicht anders gemacht, wie auch? Der Hausmeister war sicher gerade nicht im Dienst. Wo hätten wir also schlafen sollen? Und was hätten wir essen sollen? Bei irgendeinem Pizzaservice anrufen? Da wäre wohl kaum jemand rangegangen. Aber im Ernst: Wie die anderen es mit sich ausmachten, das müsste man sie fragen. Ich fühlte mich nicht gut dabei, erkannte aber die Notwendigkeit, die lag auf der Hand. Wir brauchten Schlaf, und wir durften nicht verhungern. Und erfrieren sollten wir auch nicht. In dem Haus gab es kein Wasser, keinen Strom, keine Heizung. Es war so räudig kalt da drinnen, noch kälter als in der Villa. Ich kann mich nicht erinnern, jemals derart gefroren zu haben. Das erklärt hoffentlich, warum wir so ziemlich alles versuchten, um uns ein bisschen aufzuwärmen. Wir legten uns zum Schlafen nicht irgendwo auf den Boden, sondern in die Betten der Leute. Und obwohl wir unsere Schlafsäcke dabeihatten, packten wir noch an Decken drauf, was sich finden ließ. Erst so war es einigermaßen auszuhalten.

Als wir eine Wohnung fanden, die noch nicht eingerichtet war, suchten wir uns Klappstühle und stöberten eine große Pfanne auf. Aus den Stühlen machten wir Brennholz, und die Pfanne nutzten wir als Feuerschale. Wir öffneten ein Fenster, damit der Rauch abziehen konnte, erhitzten über dem Feuer Wasser für Kaffee und für eine Portion Pelmeni (Teigtaschen), damit wir etwas in den Magen bekamen und uns etwas wärmer wurde. Wie gesagt, stolz bin ich darauf nicht. Aber jeder würde es verstehen, wäre er dabei gewesen.

Ich sagte den Leuten in meinem Team, dass ich keinen beim Stehlen erwischen wolle. »Wir nehmen nur das, was wir unbedingt brauchen.« Zum Beispiel stießen wir irgendwo auf einen Seitenschneider. Ich überlegte kurz, dann packten wir ihn ein. Damit würden sich Sprengfallen entschärfen lassen. Der Einsatzleiter hatte uns gewarnt: Wenn es nach Butscha geht, müssten wir auf Sprengfallen

Kochen im Krieg.

achten. In einer anderen Wohnung entdeckten wir auf der Suche nach Essbarem, nach Vitaminen und Medizin durch Zufall ein Versteck mit Schmuck. Ein richtiges Versteck war es eigentlich nicht. Die Besitzerin schien den Karton in der Eile nur schnell ganz nach hinten gepackt zu haben, damit er nicht sofort ins Auge fiel. Wir fassten den Schmuck nicht an, nur den Karton, um ihn wieder an seinen Platz zurückzustellen.

Zwei Tage mussten wir in dem Apartmentkomplex ausharren. Am Morgen des dritten Tages kam der Einsatzleiter. Wir sollten uns bereitmachen. Aus irgendeinem Grund waren die ukrainischen Special Forces nicht aufgetaucht. Nun hieß es, wir würden als Erste nach Butscha gehen, zusammen mit einem anderen Team. Ich glaube, es waren hauptsächlich Weißrussen. Oder nur Weißrussen. Heute sagt man ja Belarussen. Mir sind einige von denen begegnet, die an der Seite der Ukraine kämpften. Würde man nicht vermuten, wenn man sieht, wie eng Putin und Lukaschenko sind, der Präsident von Belarus. Oder sollte man ihn besser Diktator nennen? Er selbst hat offenbar kein Problem damit, dass andere in ihm einen Diktator sehen. Furcht und Schrecken zu verbreiten, scheint sein Ding zu sein. Bloß nicht so was wie Demokratie zulassen! Was man so liest, würden eine Menge Leute in seinem Land ihn am liebsten zum Teufel jagen. Er und sein Gefolge in Minsk mögen auf Putins Seite stehen, die Masse der Belarussen anscheinend nicht. Viele sagen, wenn Putin der Ukraine das Recht abspricht, ein unabhängiger Staat zu sein, dann meint er damit indirekt auch andere ehemalige Sowjetrepubliken. Und Belarus könnte das nächste Land sein, das er sich vorknöpft.

Jedenfalls hatten die Belarussen in der Regel eigene Teams, waren aber wie unser Flügel der Legion beim Militärgeheimdienst GUR angedockt. Erkennen konnte man sie an den Ärmelabzeichen, die sie an ihrer Uniform trugen. Das waren auch alles Freiwillige, mit dem Unterschied, dass sie sich in ihrer Heimat strafbar machten. Wer erwischt oder verraten wurde, musste mit ein paar Jahren Gefängnis rechnen. Wie ich hörte, waren manche von ihnen schon länger in der Ukraine, hatten vorher im Donbass gekämpft und wollten auch im Land bleiben, wenn der Krieg zu Ende sein würde.

Wir sollten nun also die erste Welle sein. Die Belarussen voran, wir hinterher. Es hieß, die russischen Einheiten hätten sich zurückgezogen, Butscha sei frei. Aber ob sie auch wirklich alle verschwunden waren und nicht noch irgendwo Heckenschützen lauerten, musste erst mal gecheckt werden. Der Einsatzleiter gab uns eine Marschroute, wie üblich in groben Zügen: Erst sollten wir mit den Fahrzeugen bis zum Buchanka. Das ist der Fluss, der sich zwischen Irpin und Butscha durchs Gelände schlängelt. Dort über eine Brücke, dahinter absitzen und zu Fuß weiter. Nach dieser Ansage entschieden wir, alles im Quartier zurückzulassen, was wir nicht zum Kämpfen brauchten. Wie besprochen, zogen die Belarussen zuerst los.

Wir warteten eine Weile. Dann saßen wir auf. Ein Achtsitzer, unser War Crime Wagon, the same procedure. Es lag nicht viel Zeit zwischen dem letzten Briefing und unserer Abfahrt. Trotzdem schien sich bereits wieder etwas geändert zu haben. Denn als wir zu der Brücke kamen, stoppte der Fahrer den Minibus nicht etwa, sondern fuhr einfach weiter.

Das lief dauernd so, auch später. Lageupdates kamen nur sporadisch bei uns an, oft gar nicht. Du wurdest von A nach B verfrachtet und hattest dann an dem neuen Ort zu funktionieren. Warum, wieso, weshalb – mit solchen Fragen hätte man sich den Kopf zermartern können. Nur hätte das nichts gebracht, also konnte man es sich auch gleich sparen. Ob es einem schmeckte oder nicht, man musste darauf vertrauen, dass irgendjemand den Überblick hatte.

Vielleicht lag vieles an der Sprachbarriere. Man brauchte ständig einen Dolmetscher, selbst wenn die Briefings auf Englisch abgehalten wurden, was auch nicht immer der Fall war. Spätestens draußen im Einsatz, bei einer Mission, war man ohne Russisch oder Ukrainisch aufgeschmissen. Man konnte keinen Funkkontakt zu den Ukrainern halten und auch nicht mit Einheimischen ins Gespräch kommen, so wie bei Andrej. Nun nehme ich nicht an, dass er wichtige Informationen für uns gehabt hätte, wo sich die feindlichen Stellungen befanden oder so. Aber es hätte durchaus sein können, und dann hätten wir es nicht erfahren. Ich will ehrlich sein: Manchmal führte die äußerst spartanische Kommunikation der ukrainischen Kommandostruktur dazu, dass wir uns als Legionäre verheizt vorkamen. Na ja, nicht nur manchmal. Wie Frontschweine, rausgetrieben und dann sich selbst überlassen. Im befreiten Butscha mag das kein Problem gewesen sein, aber wir sollten noch andere Situationen erleben.

Über Butscha und die Gräueltaten, die die russischen Truppen dort verübten, wurde auf der ganzen Welt berichtet. Tschetschenische und burjatische Einheiten waren daran offenbar auch beteiligt, wie man inzwischen weiß. Der Ort ist zum Synonym für das barbarische Vorgehen gegen die Zivilbevölkerung geworden. Unschuldige Menschen – Männer, Frauen und Kinder –, die nicht die Chance oder die Mittel hatten, die von den Russen eroberte Stadt zu verlassen, wurden gefoltert, erschlagen, erschossen. Leichen lagen wochenlang auf den Straßen und verwesten. Andere wurden verbrannt oder in Massengräbern verscharrt wie tote Tiere. Über 400 Opfer, fast ausnahmslos Zivilisten. Das alles ist mittlerweile bekannt. Und es gibt erschütternde Beweise – Fotos, Drohnen- und Videoaufnahmen, Zeugenaussagen, Ermittlungsergebnisse –, die nicht den geringsten Zweifel daran lassen, dass in der kleinen Stadt vor den Toren Kiews schlimmste Kriegsverbrechen begangen wurden. Um sich in meine Lage zu versetzen, wie ich unseren Einsatz erlebte, muss man all dieses Wissen für einen Moment ausblenden, die Zeit zurückdrehen. Es war der Tag, bevor die ersten Journalisten mit Kameras anrückten.

Wir fuhren also über die Brücke. Sie sah wenig vertrauenserweckend aus: die Fahrbahn löchrig wie ein Schweizer Käse, sodass man das Wasser des Flusses sehen konnte. Es wackelte ziemlich, oder ich bildete mir das ein. Aber sie hielt unserem Gewicht stand. Am Ende der Brücke stand ein Bulldozer, komplett zerstört, ein paar Meter weiter ein Geländewagen, von dem nur ein verrußtes Skelett übrig war. Alles andere hatten die Flammen gefressen. Zwischen den beiden Wracks ein quietschgrüner Lada, dass ich zweimal hingucken musste. Der Wagen wirkte so fehl am Platz wie nur sonst was. Er schien keinen Kratzer abbekommen zu haben, selbst die Reifen waren heil geblieben. Oder jemand hatte ihn erst kurz vorher dazugestellt. Wäre der Lada nicht ausgerechnet grün gewesen wie das Grün einer zarten Pflanze und hätte seine Farbe inmitten dieser Tristesse nicht dermaßen geleuchtet … aber so: ein Bild wie ein Symbol. Das Symbol der Hoffnung, dass alles wieder gut wird.

Der Zustand der Straße erlaubte nur Schneckentempo. Wir kurvten durch die Spuren der Verwüstung. Ähnliche Szenerie wie in Irpin. Überhaupt bin ich mir nicht sicher, ob ich beides in der Erinnerung exakt voneinander trennen kann. Die Missionen schon, die Bilder wahrscheinlich nicht. Wobei es in Butscha weitaus mehr zerstörte Panzer und anderes Gerät gab. In manchen Straßen türmte sich der Kriegsschrott, dass man nicht mehr durchkam. Ich kann zum Beispiel auch nicht sagen, ob wir an dem Tag über die Jablunska-Straße fuhren. Falls es Straßenschilder gab, achtete ich ganz sicher nicht darauf. Da die Straße aber zu einer Brücke führt, könnte es unser Weg gewesen sein. Von der Jablunska gingen später Fotos um die Welt – mit all den Toten, die dort lagen.

Wie in Irpin kamen wir auch hier an Leichen vorbei. Doch anders als dort saßen wir im Auto. Das schuf eine gewisse Distanz zu dem, was das Auge sah. Obwohl wir, wie gesagt, langsam fuhren, waren die Eindrücke flüchtiger. Meistens bekam man nur einen Ausschnitt zu sehen, selten offenbarte sich das gesamte Bild. Es war ja auch nicht so, dass ich erpicht darauf gewesen wäre, bloß keine Leiche zu verpassen. Eher das Gegenteil. Von mir aus konnten die Eindrücke so flüchtig sein, dass sie von der Speicherfunktion meines Gehirns gar nicht erst erfasst wurden. Wobei man in dem Moment nicht weiß, nicht mal abschätzen kann, wie intensiv die Begegnung gerade in Wirklichkeit ist, wie stark sie sich einprägt. Manchmal genügt ein winziges Detail, um den Anblick nicht vergessen zu können. Genauso kann es sein, dass man in dem Augenblick denkt: Oh Gott, das wirst du nie wieder los! Und dann ist die Erinnerung doch ruck, zuck verschwunden. Ich wünschte, der zweite Fall wäre häufiger eingetreten, nicht nur wegen der Fahrt durch Butscha.

Ohne Worte: Butscha.

Sie brachten uns zu einer Apartmentanlage am äußersten Rand der Stadt, im Westen. In dem Viertel fast nur moderne Bauten. Den Mittelpunkt bildeten zwei Blöcke, fünf oder sechs Stockwerke, beide mit einem Grundriss, der an ein C erinnerte. Wie Original und Spiegelbild standen sie sich gegenüber, sodass sie fast einen Kreis bildeten. Dazwischen ein Spielplatz, schmale Rasenflächen, gepflasterte Wege mit Parkbänken, ein paar Bäume, ein paar Sträucher. Kein Vergleich zu dem, was wir unterwegs gesehen hatten, doch auch hier Spuren russischer Angriffe: Granateinschläge in den Dächern, einige Wohnungen schienen ausgebrannt, viele der Fensterscheiben waren zerborsten.

Im obersten Stockwerk eines der C-Gebäude richteten wir unseren Observationsposten ein. Aus dem Apartment, das wir in Beschlag nahmen, hatten wir freie Sicht über ein riesiges Feld, das sich jenseits einer breiteren Straße Richtung Norden und Nordwesten ausbreitete. Für den Fall, dass die Russen ihren Rückzug nur vortäuschten und zurückkämen. Unser Auftrag war, den Sektor rund um die Uhr im Auge zu behalten und sofort Alarm zu schlagen, sobald wir etwas Verdächtiges beobachten würden. Konkret hieß das, dass zwei von uns dort oben Wache schoben, während die anderen nach unten gingen und Kontakte zu Einheimischen knüpften.

Einige der Hausbewohner, die entweder geblieben oder schnell zurückgekommen waren, hatten vor den Eingängen Feuerstellen errichtet. Darauf kochten sie ihre Mahlzeiten und machten Wasser heiß für Kaffee und Tee. In den Wohnungen gab es weder Strom noch Gas. Der Geruch von Borschtsch hing in der Luft. Es waren herzliche, dankbare Leute, die uns wie selbstverständlich von ihrer Suppe abgaben. Und Babuschkas verteilten Süßigkeiten, die wir uns schmecken ließen, Waffelkekse mit karamellisierter Kondensmilch und Spritzgebäck. Dafür halfen wir ihnen, die Feuer am Brennen zu halten. Wir suchten Holz zusammen und hackten es klein. Mit einem der Männer kam ich ins Gespräch. Er konnte ein wenig Englisch, muss so um die dreißig gewesen sein und erzählte, dass er aus Donezk stammte, 2015 nach Mariupol geflüchtet war, dann nach Butscha kam – und nun wieder einen Krieg erlebte. Ich würde nicht sagen, dass die Stimmung an dem Abend ausgelassen war, aber die Leute schienen erleichtert, mal keine Angst vor Artilleriefeuer haben zu müssen oder vor Drohnen, die Granaten abwarfen.

Eine Sekunde lang dachte ich, so könnte es am Ende des Kriegs sein.

Am nächsten Tag erschien der Einsatzleiter, und wir erfuhren, dass die Russen einen strammen Rückzug hingelegt hatten, anscheinend bis hinter die belarussische Grenze. Was wenige Tage zuvor kaum jemand für möglich gehalten hatte, war tatsächlich geschehen: Die russischen Truppen, so übermächtig sie am Anfang erschienen waren, hatten es nicht geschafft, bis nach Kiew vorzudringen – eine Schmach für den Kreml, ein Sieg für die ukrainischen Truppen, für das ukrainische Volk.

Noch am selben Tag wurden wir aus Butscha abgezogen. Mit einem kurzen Abstecher über Irpin, um unsere Sachen einzusacken, ging es mit einem Militärlaster zurück nach Kiew, in Sascha's Palace. Ein wenig fühlte es sich an, als würden wir nach Hause kommen. Wir waren nicht mal eine Woche fort gewesen, und doch hatte sich etwas Entscheidendes verändert, zumindest bei mir, in mir.

Am Abend saßen wir zusammen, Cooper, Zagg, Itamar und ich, und redeten darüber, was wir erlebt hatten. Wenn man so will, eine Art Therapiestunde. Gruppentherapie. Nach der Devise: Es hilft, wenn man darüber spricht. Da ist ja auch wirklich was dran. Nicht, dass wir vorher gesagt hätten: Los, Jungs, lasst uns quatschen, damit wir das in unseren Köpfen geregelt kriegen und besser einschlafen können. Es ergab sich einfach so. Natürlich kam auch die Fahrt durch Butscha zur Sprache. Obwohl wir in dem Toyota dicht gedrängt beieinanderhockten, hatte jeder ein anderes Blickfeld gehabt und somit einen anderen Ausschnitt wahrgenommen. Manchmal überschnitten sich unsere Bilder, manchmal nicht.

Es war, als würden wir ein monströses Puzzle zusammenfügen: da die verkohlte Leiche in einem ausgebrannten Auto, dort das kleine Mädchen mit der pinkfarbenen Jacke, vielleicht drei oder vier Jahre alt, tot auf dem Bürgersteig. Und der Mann, der am Straßenrand lag, sein Fahrrad noch zwischen den Beinen, als hätte ihn eine heftige Windböe umgepustet. Mehr war im Vorbeifahren nicht zu sehen, aber keiner von uns dachte an eine Windböe. Meine eigene Erinnerung gab ein weiteres Bild frei: ein Mann mittleren Alters, graue

Jogginghose, schwarze Bomberweste, ausgestreckt auf dem Rücken, ein Bein seitlich angewinkelt, der Kopf in meine Richtung nach hinten übergestreckt, gerade so, als sollte ich das Loch in seiner Stirn nicht übersehen. Eine Schusswunde. Vermutlich aus nächster Nähe beigebracht, so sah es aus. Neben ihm eine Frau in einem dunkelgrünen Wintermantel. Sie wirkte jünger, vielleicht war es seine Tochter. Auch in ihrem Kopf klaffte ein Loch, etwas seitlich, fast über der Schläfe.

Als ich später im Bett lag, kreisten meine Gedanken, ohne dass ich einen festhalten konnte. Unmöglich, das Erlebte zu verdauen. Wie viel Zeit dafür wohl vergehen musste? Die Frage kann ich auch heute nicht beantworten. Ich ertappe mich selbst immer wieder, wie ich Erinnerungen verdränge, beiseiteschiebe wie einen Vorhang, damit sie mir den Tag nicht verdüstern. Und wahrscheinlich noch mehr, um mich ihnen nicht stellen zu müssen.

So tief gingen meine Gedanken damals in Kiew allerdings nicht. Doch mich bewegte etwas anderes: Die Idee mit dem Studium, mein Plan, mich für einen Medizinertest anzumelden – irgendwie fühlte es sich falsch an, die Sache hier in der Ukraine von solchen Terminen abhängig zu machen. Als wäre ich ein Tourist und das Ganze eine Reise ins Abenteuerland mit festem An- und Abreisedatum. Wenn der Krieg bis zum Sommer ausgefochten wäre, von mir aus, dann wollte ich mich gern wieder um meine eigene Zukunft kümmern. Falls jedoch nicht, konnte ich mir nicht vorstellen, einfach meine Sachen zu packen und zu verschwinden, als würde mich das alles nichts mehr angehen. Jetzt nicht mehr. Also beschloss ich an diesem Abend: Ich bleibe bis zum Ende, das hoffentlich ein gutes sein wird.

ZWEIFEL

KIEW/MYKOLAJIW

In Sascha's Palace wurden die Karten neu gemischt. Mit dem Rückzug der russischen Einheiten änderten sich die Pläne für unsere Einsätze. Bald hieß es, es gebe hier in der Gegend nichts mehr zu tun. Wir sollten in die Südukraine verlegt werden, in den Donbass, an die Front bei Mariupol.

»Jetzt wird es richtig hart«, verkündete unser Zugführer Mischa, ein GUR-Offizier Ende zwanzig, der uns mit solchen und ähnlichen Sprüchen auf einen »totalen Krieg« einzuschwören versuchte. Alles wurde nun durchstrukturiert, neue Teams entstanden, sogar Fitnesstests setzte Mischa an, die hatte es vorher höchstens sporadisch gegeben. Aber das klingt straffer, als es tatsächlich war. In jeder Bundeswehrkaserne gibt es strengere Regeln.

Ein normaler Tag sah in meinem Fall etwa so aus: neun Uhr aufstehen, Morgentoilette, Frühstück und ab zehn Uhr das erste Training oder die erste Ausbildungseinheit, wie man es nennen will. Auf jedem Stockwerk lagen sich zwei Korridore parallel gegenüber, die an einer Stelle durch einen Raum, etwa so groß wie ein durchschnittliches Klassenzimmer, miteinander verbunden waren.

Dort versammelte sich unser Team in Gefechtsmontur, mit Waffe, Schutzweste, Helm und was noch dazugehörte. Und dann ging's los. Zum Beispiel trainierten wir Orts- und Häuserkampf. Treppe hoch,

Treppe runter – wie man sich taktisch unter Feuerschutz bewegt. Oder wie man in einen Raum eindringt, wenn darin ein Feind zu erwarten ist. Eben alles zu Kampf und Bewegung in Häusern. Angesichts der Umstände natürlich reinste Trockenübungen. Sie zielten darauf ab, Bewegungsabläufe zu verinnerlichen, damit sie im Ernstfall wie im Schlaf abgerufen werden konnten. Oder wir widmeten uns unseren Waffen. Als am Anfang alle mit CZ Brens ausgestattet wurden, hielten manche das Sturmgewehr zum ersten Mal in den Händen. Also übten wir ganz stumpf, wie man das gute Stück zerlegt und wieder zusammensetzt. Und wie man es entlädt. Oder wir schulten das Team an NLAWs. Das sind ziemlich geniale Panzerabwehrlenkwaffen, in Schweden entwickelt, relativ leicht, einfach zu bedienen und unglaublich effektiv gegen Panzer.

Was wir außerdem regelmäßig übten, sozusagen jeden Morgen als Aufwärmprogramm, waren Handzeichen. Zum Beispiel, wie ich meinen Kameraden signalisiere, dass ich den Feind sehe. Oder dass sie sich sofort auf den Boden werfen sollen, weil Gefahr droht. Ist alles keine Hexerei, sollte man als Soldat aber draufhaben. Zumindest war das mein Anspruch als Teamleader.

Ab zwölf Uhr dreißig war Mittag angesetzt. Nach der Rückkehr aus Butscha durften wir das Wohnheim zum Einkaufen verlassen. Um nicht immer das Gleiche futtern zu müssen – Hähnchen, Nudeln, Salo und so -, holten sich manche Toastbrot und Käse und Wurst und machten sich selbst was. Einer von den Jungs hatte einen Sandwichmaker auf der Bude, da fand ich mich auch öfter ein. Danach wieder Ausbildung und Training, oder ich musste mich um administrative Sachen kümmern – Ausrüstung organisieren, Wachpläne schreiben, Besprechungen mit Sascha, Mischa oder jemand anderem von den Führungsköpfen. Für die Zeit übernahm mein Stellvertreter das Team. Später Abendessen, und damit war der Tag auch schon rum. Dann nur noch das Abendprogramm, das jeder für sich gestaltete.

Einige hängten sich mit Eifer rein, was Training und Ausbildung anging, andere machten halt so mit, und wieder andere beschäftigten

Lachen muss auch mal sein.

sich lieber mit ihrem Handy. Obwohl ... das ist nicht ganz korrekt. Letzteres betraf genau eine Person. Womit ich bei Chiara wäre, einer jungen Italienerin, die nach Butscha zu unserem Team stieß. Chiara fiel schon deshalb auf, weil sie neben Josie, einer US-amerikanischen Krankenschwester, die einzige Frau in Sascha's Palace war. Josie kannte ich vom Sehen aus dem Camp in Jaworiw, wo sie im

Nachbarzelt untergebracht gewesen war. Chiara lief mir in Kiew das erste Mal über den Weg, allerdings ohne dass wir ins Gespräch gekommen wären. Ich hatte mit beiden keinen Kontakt – bis zu jenem Tag, als mich Matteo, einer der Sanitäter, ansprach.

Matteo ist Deutscher. Ich schätzte ihn auf Ende zwanzig, durch seinen Vollbart wirkte er wahrscheinlich älter. Matteo wollte sich mit drei Freunden einem Team anschließen und fragte, ob sie zu uns kommen könnten. Wie sich herausstellte, waren zwei seiner Freunde in Wirklichkeit Freundinnen, nämlich Josie und Chiara. Und um auch den letzten unserer Neuzugänge auf die Bühne zu schieben: Bei Freund Nummer drei handelte es sich um Wheaten, einen Nordiren, Veteran der britischen Armee, Infanterie, äußerlich das glatte Gegenteil von Matteo – groß und schlaksig, langes schwarz gefärbtes Haar, Sidecut und reichlich mit dauerhafter Körperkunst verzierte Haut. Wheaten war ein guter Fang. Ich machte ihn zu meinem Stellvertreter. Wir stellten gemeinsam Trainingspläne auf und teilten uns die Ausbildung. Auch mit Josie und Matteo klappte es anfangs gut, wenngleich zwei Sanis in einem Team nicht üblich waren. Sie übernahmen den medizinischen Part bei den Schulungen, Selbst- und Kameradenhilfe im Gefecht und solche Sachen. Zum Beispiel zeigten sie uns, wie man sich und anderen ein Tourniquet anlegte.

Nur mit Chiara hatten wir ausgerechnet eine Dramaqueen erwischt. Angeblich hatte sie bei der Luftwaffe gedient. Später hörte ich, sie habe nicht mal die Grundausbildung überstanden. Aber das muss auch nicht gestimmt haben. Das wäre auch alles kein Thema gewesen, hätte sie sich nur ein Fitzelchen lernbereit gezeigt. Stattdessen führte sie sich auf, als wüsste und könnte sie alles besser. Beim Militär ist es nicht besonders schwierig, Bluffer zu entlarven. Manche verraten sich schon damit, wie sie mit einer Waffe umgehen. Und sie hatte definitiv keine Ahnung davon. Woher sie die Chuzpe nahm, ständig so einen Tanz aufzuführen – ich konnte es nur vermuten. Das Ding war nämlich, dass sie ein enges, ein sehr enges Verhältnis mit einem der Kommandeure des GUR-Flügels hatte. Nicht mit Sascha, mit dem Jüngeren der beiden anderen. Kurz und gut: Sie nervte alle, keiner wollte sie im Team behalten. Und da ich für den Haufen verantwortlich war, blieb es an mir hängen, ihr das klarzumachen. Ich gab mir alle Mühe, die Botschaft so diplomatisch wie möglich zu verpacken. Von mir aus sollte sie ruhig glauben, unsere Truppe sei nicht gut genug für jemanden ihres Kalibers. Sie war nicht erfreut, meinte, ich sei das Problem, nicht sie, alle anderen würden sie super finden. Trotzdem schien sie es zu schlucken, und ich dachte, damit wäre die Sache erledigt.

Aber welche Diva tritt schon ab, ohne vorher einen letzten großen Tanz aufzuführen? Der nächste Morgen kam. Das Team war im Übungsraum zwischen den beiden Fluren versammelt. Plötzlich fegte sie herein und hämmerte den Satz in die Luft: »Kaiser will mich loswerden!« Und eine Spur leiser fügte sie hinzu, dass ich behauptet hätte, die anderen würden schlecht über sie reden. Sie drückte es natürlich dramatischer aus. Daraufhin entspann sich … ich will es so ausdrücken: eine Diskussion. Ihre mangelnde Disziplin kam zur Sprache und dass sie alles auf Instagram teilte, sich dort als furchtlose Freiheitskämpferin feierte und so weiter. Ein Wort ergab das andere. Der Lärmpegel stieg an. Erst schrie sie, dann wurden auch andere lauter. Das Ganze erreichte Pausenhofniveau, aber das war nur eine Zwischenetappe. Irgendwann war Josie die Lauteste und auch diejenige, die ihre vermeintliche Freundin am heftigsten kritisierte, am persönlichsten wurde. Zwischendurch legte Chiara einen Abstecher ins Nachbarzimmer ein, dort hielt sich Itamar auf, dem sie ein paar Beleidigungen um die Ohren haute. Dann kehrte sie auf unsere Bühne zurück. Die Vorstellung steuerte dem Finale zu. Damit das auch gebührend fulminant ausfiel, begann eines der beiden Mädels, nicht nur die Stimme, sondern auch seine Körperkraft einzusetzen. Wer anfing, kann ich nicht sagen, es ging zu schnell. Mitbekommen habe ich, dass Chiara Josies Schienbein traktierte, woraufhin Josie sich revanchierte, indem sie ihre Kontrahentin in den Schwitzkasten nahm, die weiterhin versuchte, mit ihren Füßen Treffer zu landen.

Die beiden waren nicht zu bändigen. Irgendjemand muss die Wachmannschaft im Erdgeschoss verständigt haben. Einer der Jungs kam hochgestiefelt, packte Chiara, warf sie sich über die Schulter und verschwand mit ihr.

Das Ende vom Lied: Wir waren Madame los, hatten dafür aber eine Untersuchung am Hals. Der Militärgeheimdienst schickte eine Offizierin, die hörte sich unsere Version der Ereignisse an, Chiaras sicher auch, verfasste einen Bericht und … Deckel drauf, wie man so schön sagt. Was mich anging: Ich dachte, das Thema Chiara hätte ich damit hinter mir. So kann man sich irren.

In Kiew veränderte sich die Lage überraschend schnell. Mehr und mehr Menschen, die geflohen waren, kehrten zurück. Die ersten Geschäfte öffneten wieder. Es kam Leben in die Stadt. Was nicht hieß, dass Normalität eingezogen wäre, aber ein winziger Lichtschein am Horizont war es schon, ein Hauch von Hoffnung. Wir durften uns jetzt vor dem Wohnheim die Füße vertreten. Und es wurden Ausgehzeiten eingeführt, in denen wir zum Einkaufen in die Stadt gehen konnten. Dennoch verbrachten wir die meiste Zeit im Quartier, sahen tagaus, tagein die gleichen Gesichter, es gab kaum Abwechslung. Die Tage gestalteten sich also nicht besonders aufregend, was nach den Geschehnissen von Irpin und Butscha absolut in Ordnung war. Um das Erlebte sacken zu lassen, den Kopf klar zu kriegen, sich zu justieren. Zumal, wie gesagt, Mischa und die anderen GUR-Offiziere immer wieder kamen und mit großen Worten ankündigten, ja fast drohten, dass uns nun wirklich harte Zeiten bevorstünden. Und dass es bald losgehe, sehr bald.

Bis es eines Tages hieß: Morgen geht's an die Front. Aber es ging nicht an die Front. Nicht morgen, nicht übermorgen. Wir blieben, wo wir waren, erledigten unseren Alltagstrott, und ansonsten warteten wir.

Ob es die Ungewissheit war, wie es weitergehen würde und vor allem wann, oder ob manchen die bisherigen Missionen stärker auf die Psyche schlugen, als ihnen selbst bewusst war, oder ob sich einfach nur ein gewöhnlicher Lagerkoller ausbreitete – das ist schwer zu sagen. Auf jeden Fall schien einigen aus der Truppe der eigentliche Grund, weshalb sie in der Ukraine waren, aus dem Blickfeld zu geraten. Die Geschichte mit Chiara bildete nur den Auftakt. Es setzte sich fort mit Postengerangel, Eifersüchteleien, Brusttrommeln, Intrigen. Und als wäre das nicht genug gewesen, brockten wir uns auch noch selbst Ärger ein.

Doch zunächst wurden wir tatsächlich nach Süden verlegt, Mitte April war das. Mit großen Bussen fuhren wir nach Mykolajiw. Die Stadt ist rund 600 Straßenkilometer von Kiew entfernt, falls ich es noch nicht erwähnt habe. Im Zuge der Neustrukturierung unseres Flügels der Legion waren drei größere Teams gebildet worden, die nach Farben benannt wurden: Red, Blue und Green. Jedes Team bestand aus drei oder vier Gruppen. Nach Mykolajiw gingen nur die ersten beiden Teams, das Green-Team sollte nach Saporischschja.

Die kleine Mannschaft, die ich anführte –, sie setzte sich aus zwölf Mann zusammen, also elf plus Josie –, war eine der erwähnten Gruppen. Wir gehörten dem Red-Team an. Mischa war unser Kommandeur, aber nicht Teil der Reisegesellschaft. Er blieb in Kiew, hatte dort wohl andere Verpflichtungen. Auch Zagg und Josef kamen diesmal nicht mit, dafür hatte ich zwei andere Leute angeheuert, einen Schweden und einen Kroaten. Wir waren wirklich ein bunter Haufen. Dem Schweden hätte man niemals zugetraut, dass er in den Krieg zog und Menschen tötete. Er war in meinem Alter und sah aus wie die personifizierte Unschuld, ein so liebes Gesicht sieht man selten. Die Freundlichkeit in seinem Blick wirkte geradezu ansteckend. Als er mir erzählte, dass er Vegetarier sei, wunderte mich das kein bisschen. So jemand, dachte ich, kann nicht mal einer Fliege etwas zuleide tun. Doch ich täuschte mich. Einmal unterhielten wir uns über Politik, konkret über die Flüchtlingsdramen auf der Welt. Da kam sein wahres Gesicht zum Vorschein. Er habe nichts gegen Muslime und Schwarze oder so, aber in seinem Land wolle er die bitte nicht haben. Ich war erstaunt und meinte, er sei ein so freundlicher Typ und auch noch Vegetarier. Dass mit dem Vegetarier sollte ein Spaß sein. Da sagte er: »Hitler war auch Vegetarier.« Was gar nicht stimmen soll, aber ich wechselte das Thema und verbuchte das Gespräch als Lektion in Sachen Menschenkenntnis.

Wir wurden in einem Ferienlager einquartiert. Es lag ein Stück außerhalb, nördlich vom Stadtzentrum, am Ufer des Südlichen Bug. Der Fluss war an der Stelle mehrere hundert Meter breit, sodass man ihn für einen See halten konnte. Obwohl es noch recht frisch war, gingen wir schwimmen. Zu verlockend die Vorstellung, seinen Körper in Wasser zu tauchen. Davon konnte man sonst nur träumen. Ich schätze, ich hatte noch immer Dreck vom OP in Irpin in den Ohren.

Jeder Gruppe wurde eine Ferienwohnung zugeteilt, die aus einem großen Zimmer und zwei kleineren Schlafzimmern bestand. Josie bekam ein Zimmer für sich – weil sie die einzige Frau war, aber auch in ihrer Funktion als Sanitäterin. In den USA arbeitete sie als Notfallkrankenschwester. Das glaubte man ihr sofort, medizinisch hatte sie absolut was auf dem Kasten. Auch dass sie von einer Horde Männer umgeben war, schien ihr nichts auszumachen. Sagen wir es so: Ihr war nichts Menschliches fremd. Da ich nie dabei war, will ich nichts Falsches erzählen, aber unter den Jungs galt es als offenes Geheimnis, dass man mit ihr seinen Spaß haben konnte. Einige berichteten auch von ihren Erlebnissen. Sie selbst erzählte, sie sei dreimal geschieden und habe zu Hause eine Tochter, sieben Jahre alt oder acht. Trotz des Kinds in den Krieg zu ziehen – das war der Punkt, den ich nicht nachvollziehen konnte. Aber hatten wir, die bei der Legion waren, das nicht alle gemeinsam: dass es irgendwo da draußen Menschen gab, die uns nicht verstanden? Unsere Gründe nicht verstanden?

Alles deutete darauf hin, dass wir tatsächlich an die Front ausrücken sollten. Verschiedene Missionen wurden geplant, Befehlsausgaben abgehalten. Als Besprechungsort diente die Sauna, die natürlich außer Betrieb war. Um uns mit den Geländebedingungen vertraut zu machen, wurde eine Landkarte, die aussah wie eine dieser Schulkarten und außerdem veraltet war, mit Messern an die Holzwand getackert.

Puschkin weihte uns in die Pläne ein. Ich glaube, seinen Namen habe ich bisher verschwiegen. Puschkin war in Irpin und Butscha unser Einsatzleiter, hatte uns zu den OPs gebracht. Jetzt führte er das Blue-Team und uns, da Mischa nicht dabei war. Ich hielt ihn für einen exzellenten Kommandeur. Er hatte im Donbass gekämpft, als es dort losging, war also erfahren. Umso mehr wunderte mich, wie die Missionen ablaufen sollten. Die Details spare ich mir, nur so viel: Mindestens eine Mission war so angedacht, dass sie aus meiner Sicht unseren sicheren Tod bedeutet hätte.

Aber das war am nächsten Tag schon nicht mehr unser Problem – da wir uns andere schafften. Es begann damit, dass Josie Alarm schlug, jemand habe Morphium aus ihrem Zimmer gestohlen. Das war deswegen keine Bagatelle, weil jeder von uns ein Sturmgewehr und eine Pistole hatte. Also auch derjenige, der sich das Zeug reinpfeifen würde. Josie verdächtigte unseren kroatischen Sniper, den ich kurzfristig ins Team geholt hatte. Der fand das nicht lustig. Er war auch so kein lustiger Typ, eher jemand, vor dem man sich fürchten konnte, immer ein bisschen spooky, aber an der Waffe nicht schlecht. Die Sache schaukelte sich hoch, und da wir nicht rauskriegten, wer sich die Dosis Morphium gegriffen hatte und wo sie sich jetzt befand, mussten wir Meldung machen.

Um das Risiko zu minimieren, sollte die Truppe entwaffnet werden. Zwei oder drei weigerten sich. Dreimal darf man raten, wer einer davon war. Schließlich kam Puschkin, der unterwegs gewesen war, und regelte das. Nur Wheaten, mein 2IC, und ich behielten unsere Pistolen.

Dieses Tohuwabohu nutzte wiederum einer der anderen Gruppenführer, dem anscheinend meine Nase nicht passte oder was auch immer er gegen mich hatte, um jedem im Lager kundzutun, ich hätte meine Gruppe nicht im Griff, sei überhaupt ein schlechter Leader und müsste meines Postens enthoben werden. Dieser Typ war nicht mehr als wir anderen auch, ein gewöhnlicher Legionär, meinte aber, sich in Mischas Abwesenheit als Big Boss aufplustern zu müssen.

Solche Spielchen liefen da, und es hörte nicht auf. Am nächsten Tag wurden wir verdonnert, auf dem Gelände des Ferienlagers Gräben auszuheben – Stellungen gegen See- und Landangriffe. Vielleicht, damit sich unsere Gemüter beruhigten. Frische Luft und schweißtreibende Arbeit, das soll ja helfen. Die Front war zu der Zeit etwa 120 Kilometer entfernt. Gesagt wurde, russische Fallschirmjäger könnten in der Stadt landen und das Lager angreifen. Mir erschien das etwas abwegig, aber Puschkin war sicher besser informiert. Also buddelten wir.

Das Fass zum Überlaufen brachte eine Aktion in der folgenden Nacht. Es gab Alarm. Wir alle raus. In voller Montur, einschließlich der Waffen. Keiner wusste, was los war. Etwa eine Stunde warteten wir, dann die Information, die Russen wollten das Lager mit Cruise-Missiles beschießen. Erinnerungen an Jaworiw kamen hoch, an die zerbombten Unterkünfte.

Wir machten uns schleunigst auf den Weg. Anderthalb Kilometer Fußmarsch, dann in einen Wald hinein, um für den Feind unsichtbar zu werden. Unser Sniper beladen mit Scharfschützengewehr und Seesack. Irgendwann stellte sich heraus, dass es ein Fehlalarm gewesen war.

Aufatmen! Und alle wieder zurück. Wie man in dieser Situation der Idee verfällt, seine Waffe im Wald zu lassen und dazu seinen Seesack – dafür fehlt mir die Vorstellungskraft. Aber man ahnt schon: der Sniper. Und man kann sich ausrechnen, wie die Reaktion ausfiel, als wir im Lager feststellten, dass er seine Waffe nicht bei sich trug und auch der Seesack fehlte. Alle mussten wieder zurück, und zwar in kompletter Kampfmontur. Sechzig Leute auf der Suche nach einem Scharfschützengewehr. Mitten in der Nacht. Da kam Freude auf. Wir lagen uns alle in den Armen, unsere Begeisterung war kaum zu bändigen. Okay, das glaubt mir sowieso keiner, und so war es natürlich auch nicht.

Unsere ukrainische Führungsriege hatte genug von dem Theater. Am nächsten Tag brach sie unseren Mykolajiw-Aufenthalt ab. Wir mussten unsere Waffen abgeben und alle scharfen Gegenstände, die als Messer oder Stichwaffe getaugt hätten, sogar Nagelscheren. Außerdem unsere Militärpässe. Außer Josie, die durfte aus unerfindlichen Gründen einfach die Gruppe wechseln und bleiben. Wie Strafgefangene wurden wir in einen Minibus verfrachtet, und ab ging's zurück nach Kiew. Bewacht von zwei Belarussen, die bis unter die Zähne bewaffnet waren, aber offiziell nur mit im Bus saßen, weil sie auch in die Hauptstadt mussten.

Und dann waren wir wieder in Sascha's Palace. Mit dem Unterschied, dass sie uns auch noch unsere komplette Ausrüstung abnahmen und wir unter Arrest gestellt wurden. Wir durften unsere Zimmer nicht verlassen, also auch nicht die Etage, erst recht nicht das Wohnheim. Und falls uns das entfallen wäre, hätte uns jeden Tag einer von der Wachmannschaft, den sie, mit einer Kalaschnikow bewaffnet, auf dem Flur postierten, daran erinnert.

Wir waren Gefangene.

Ein Tiefpunkt!

Dafür war ich nicht hierhergekommen.

War es der Moment, als ich anfing, meine Entscheidung infrage zu stellen, die ganze Sache zu bereuen? Nein, das nicht. Aber es war der Moment, als ich anfing, an der Legion zu zweifeln. Nicht an der Legion an sich, aber an ihren Strukturen, die zuließen, was geschehen war. Ich fragte mich, ob ich es hätte verhindern können. Doch es war, als wäre man in einen Strudel geraten. Man hat die besten Absichten, steckt aber mittendrin, kann der Dynamik der Ereignisse nicht entkommen – und wird mit hinuntergezogen.

Es gibt die Theorie der Sunk Cost Fallacy: Man investiert in ein Projekt, ob nun Geld oder Zeit oder Herzblut oder alles zusammen – und noch eine ordentliche Portion Mühe dazu. Irgendwann stellt sich heraus, dass das Projekt nicht das erwünschte Resultat bringt, der Aufwand viel größer war als der Nutzen. Nüchtern betrachtet, wäre es das Vernünftigste, loszulassen, sich von dem Projekt zu verabschieden, es in die Tonne zu treten. Aber man hört nicht auf seinen

Verstand, eben weil man schon so viel investiert hat. Man glaubt, es wäre falsch aufzugeben. Also marschiert man weiter, wie mit Scheuklappen vor den Augen. Man investiert noch mehr und macht sich noch stärker davon abhängig, dass es funktioniert. Wie in einer Spirale, aus der man schwer herauskommt. Etwa so muss man sich das vorstellen, auch in Bezug auf das, was dann kam.

Wir saßen also fest, verdammt zum Nichtstun, außer dass jeder einen Bericht schreiben sollte über das, was in Mykolajiw vorgefallen war. Tage vergingen. Eines Nachts bemerkten wir, dass kein Wachmann auf dem Flur stand. Auch am Morgen kam keiner. Als hätten sie uns vergessen. Zuerst spazierten wir nur auf dem Flur herum, dann erweiterten wir unseren Radius, gingen nach unten, sprachen mit anderen Kameraden, auch mit Sascha. Anscheinend hatten wir unsere Strafe verbüßt. Aber es setzte keiner einen offiziellen Schlusspunkt, indem er klare Ansagen machte: So und so ist es, und so geht's jetzt weiter mit euch. Man ließ einfach Gras über die Sache wachsen. Irgendwann kriegten wir unsere Militärpässe zurück und dann auch unsere Waffen und die Ausrüstung.

Towarisch Kalaschnikow.

In der Zwischenzeit sahen wir Josie wieder. Sie kam nach Kiew, die Gruppe, in die sie gewechselt war, hatte sie rausgeschmissen. Es soll noch mal Morphium aus ihren Vorräten verschwunden sein. Außerdem hatten ihre neuen Kameraden wohl herausgefunden, dass sie doch nicht bei den US-Marines gewesen war, wie sie behauptet hatte. Josie verließ dann bald die Legion, um sich irgendwo einer anderen Truppe anzuschließen. Zurzeit soll sie bei einer medizinischen Evakuierungseinheit in Charkiw im Einsatz sein. Das sind auch Freiwillige aus dem Ausland, sie stehen bei der ukrainischen Armee unter Vertrag.

Josie war nicht die Einzige, fast die Hälfte meines Teams verdrückte sich. Auch ich spielte mit dem Gedanken, die Legion zu verlassen. Es musste doch einen Platz geben, wo ich mehr tun konnte. Ich hörte mich um, streckte meine Fühler aus. Matteo, der Sani, war inzwischen bei den ukrainischen Bodenstreitkräften untergekommen, als Freiwilliger in einer regulären mechanisierten Brigade. Nach dem, was er schrieb, schien es dort besser zu laufen. Ich fand noch keine Lösung, aber der Gedanke blieb in meinem Kopf.

Nach dem ganzen Ärger in Mykolajiw wollte ich kein Team mehr übernehmen. Ein paar Wochen hielt ich diesen Vorsatz durch, erledigte stattdessen administrative Aufgaben, schrieb Wachpläne, half anderen, in eines der Teams aufgenommen zu werden, trainierte zusammen mit Itamar und Cooper Freiwillige, die neu in Sascha's Palace kamen. Irgendwann hatte ich eine Truppe von neun oder zehn Mann zusammen. Und da wir gut miteinander zurechtkamen, dachte ich: Okay, ich versuch's noch mal.

Damit stand mein neues Team. Itamar und Cooper, die zwischenzeitlich wie ich überlegt hatten, die Brocken hinzuschmeißen, stießen auch wieder dazu. Auf Zagg mussten wir allerdings verzichten, er hatte andere Pläne. Zum Beispiel sammelte er Spenden, von denen Kiwi, der Neuseeländer, Ausrüstung für uns besorgte. Schutzwesten, Stirnlampen, ABC-Masken, Tourniquets, Aktivhörschutz, Munitionstaschen, so was. Kiwi war, nachdem sie ihn in Jaworiw aussortiert hatten, in Deutschland und Ungarn unterwegs, kaufte die Sachen und brachte sie an die ukrainische Grenze.

Zaggs Engagement in Sachen Spenden sollte schon bald gegen ihn ausgelegt werden. Einer der Kommandeure, ich glaube, es war Sascha, bezichtigte ihn des Diebstahls oder der Veruntreuung – mit der Begründung, das Geld hätte der Legion zugestanden, er hätte es abgeben müssen. Zagg und Diebstahl! Und ausgerechnet Sascha schwang sich zum Richter auf. Aber so liefen die Dinge in der Legion. Am Ende wurde Zagg, der sich nicht zum Kriminellen abstempeln lassen wollte und sagte, was er zu sagen hatte, rausgeworfen. Aber er verließ die Ukraine nicht, und wir blieben in Verbindung.

Doch wieder zurück: Gerade als ich mich durchgerungen hatte, mit den Jungs einen neuen Versuch zu starten, kam einer der anderen Teamleader, ein Brite, auf mich zu. Ich kann nicht behaupten, dass wir uns besonders mochten. Den mochte, glaube ich, keiner so richtig. Aber egal. Er meinte, er habe da einen schwierigen Fall. Einen Amerikaner, mit dem komme er nicht zurecht. Disziplinprobleme. Ob ich es nicht mal mit ihm versuchen wolle. Es brauchte genau ein Gespräch, dann wusste ich, dass wir miteinander klarkommen würden. Und nicht nur das, wie sich zeigen sollte. Wir wurden Freunde. Der schwierige Amerikaner, das war Shurik.

NOCH MEHR ZWEIFEL

MYKOLAJIW/MURACHIWKA

Der Mai kam, und plötzlich sollte es wieder nach Mykolajiw gehen. Es hieß, sie bräuchten mehr Leute dort. Nachschub. Kanonenfutter, dachte ich. Vorher waren einige Missionen schiefgelaufen. Es hatte Tote gegeben, mehrere Legionäre wurden vermisst. Einige präsentierten die Russen später im Staatsfernsehen als Kriegsgefangene. Von einem der Teamleader, Grady, ein ehemaliger Captain der US-Marines und Irakveteran, weiß man bis heute nicht, ob er lebt oder getötet wurde. Er gilt seit seiner letzten Mission in der Nähe von Cherson als vermisst. Die fand Ende April statt, eine Woche bevor wir nach Mykolajiw beordert wurden. Er und seine Kameraden waren zu einem Observationsposten geschickt worden, den die russischen Truppen bereits auf dem Radar hatten. Das hätte man wissen müssen, da in derselben Stellung nur wenige Tage zuvor ein britischer Legionär durch Mörserbeschuss getötet worden war.

Gradys Gruppe gehörte zum Blue-Team. Wir beide hatten das erste Mal in Irpin Kontakt gehabt, in dem Apartmenthaus. Er war mit seinen Leuten dann auch nach Butscha gekommen. Ich sehe ihn noch vor mir, er hatte immer einen Laptop unterm Arm, schien ständig am Planen zu sein. In seinem Team war auch ein Deutscher gewesen, der mir einige Male über den Weg lief. Ursprünglich wollte er in mein Team kommen, was aber nicht möglich war. Ich half ihm dann bei einigen Übersetzungen, Schriftkram. Auf jeden Fall erzählte er später, dass sie in dem Posten bei Cherson mit Artillerie und RPG beschossen worden seien. Grady und ein anderer, ein Brite, hätten die Stellung verlassen, um aufzuklären, wo der Feind stand. Von den fünf Kameraden, die im OP blieben, seien vier getötet worden – zwei Belarussen, ein Däne, ein Amerikaner. Er habe als Einziger überlebt. Der Brite, der mit Grady den Posten verließ, wurde von russischen Soldaten gefangen genommen. Nur von Grady fehlte jede Spur.

Monate später hörte ich, ehemalige Kameraden von den Marines hätten über gute Kontakte sein Handysignal orten und Zeugen vor Ort sprechen können. Demnach sollte er zunächst in einem Feldlazarett in Cherson behandelt und anschließend in ein Krankenhaus in der Region Donezk gebracht worden sein. Dort wären lebenserhaltende Maßnahmen an ihm durchgeführt worden. Ich kenne nicht die Details, aber wie wahrscheinlich konnte es sein, dass die Russen ihm nicht als Erstes das Handy abgenommen hatten?

Der Deutsche aus Gradys Team hatte nach dem Einsatz die Nase voll vom Krieg. Er verließ die Legion und reiste nach Hause. Als ich die Geschichte erfuhr, dachte ich kurz, das in dem Observationsposten hätte auch mein Team sein können, wäre es bei unserem ersten Mykolajiw-Aufenthalt nicht zu den ganzen Querelen gekommen. Da war es also wieder, das kosmische Würfelspiel. Doch solche Gedanken sollte man besser nicht vertiefen, erst recht nicht, wenn man sich gerade darauf einstellt, selbst wieder an die Front geschickt zu werden.

Neuigkeiten gab es auch vom finnischen Major. Er kam kurz vor unserer Abreise aus Saporischschja zurück – in einem bedenklichen Zustand. Er, der sonst immer die großen Reden geschwungen hatte, war stumm geworden wie ein Fisch. Von allein kam ihm kein Wort über die Lippen. Er stand oder saß nur da und starrte Löcher in die Luft. Wenn man ihn ansprach, mühte er sich die denkbar kürzeste Antwort ab. Für einen Augenblick konnte man das Gefühl haben, dass er einen anschaute und vielleicht auch wusste, wer man war.

Einen Augenblick später jedoch wirkte es, als würde er durch einen hindurchschauen, als wäre man für ihn gar nicht anwesend. Die Diagnose: Shell Shock, auch Granatschock genannt. Seine Truppe hatte heftiges Artilleriefeuer erlebt. Auch der Major zog die Reißleine und verabschiedete sich in seine Heimat, sobald er einigermaßen reisetauglich war. So lichteten sich die Reihen.

Das war dann auch in Mykolajiw unübersehbar. Im Vergleich zum letzten Mal hatte sich die Zahl der Legionäre etwa halbiert. Puschkin führte immer noch das Lager. Ihm zur Seite stand einer der Kommandeure des GUR-Flügels aus Kiew. Puschkin verantwortete alles Militärische, sein Kompagnon machte einen auf Spieß, als gäbe es nichts Wichtigeres als Ordnung und Sauberkeit. Ansonsten war es ein bisschen so wie in dem Film *Und täglich grüßt das Murmeltier*. Wieder wurden Missionen angekündigt, eine nach der anderen, die dann alle nicht stattfanden. Falls überhaupt jemand rausgeschickt wurde, waren es entweder ukrainische Soldaten oder Belarussen. Wir Legionäre durften fleißig trainieren, auch mal auf eine Schießbahn fahren und unsere Treffsicherheit optimieren, aber mehr passierte nicht – fast einen Monat lang.

Allmählich hatte ich den Verdacht, dass es nur darum ging, möglichst viele bei der Legion zu halten, um sagen zu können: Kämpfer aus der ganzen Welt unterstützen unser Land gegen den Aggressor. Ich hoffte, dass ich mich irrte. Aber mir fiel kein anderer Grund ein, außer vielleicht, dass die Verantwortlichen vermeiden wollten, den Tod von noch mehr Ausländern zu riskieren. Aber das hätten sie uns dann sagen sollen.

Die ganze Zeit hielt ich weiter Kontakt zu Matteo, in der Hoffnung, über ihn einen besseren Weg zu finden, diesem Land zu helfen. Tatsächlich brachte er mich mit einer Offizierin der ukrainischen Streitkräfte zusammen. Wir telefonierten, und nach einer Weile kam das Signal, dass ich mit meinem gesamten Team wechseln könnte und dann direkt der Armee unterstellt wäre. Mit dieser Botschaft konfrontierte ich Puschkin, indem ich ihm sagte, wir würden gern geschlossen das Rückfahrtticket nach Kiew buchen, um die Legion zu verlassen. Am besten sofort, in Mykolajiw würden wir ohnehin nicht gebraucht. Es dauerte eine Nacht, und schwuppdiwupp, er zauberte eine Mission aus dem Ärmel. Ich hätte darauf wetten können.

So kamen wir nach Murachiwka, gleich am nächsten Tag wurden wir dorthin verfrachtet, gut hundert Kilometer durch die Prärie. Ich hätte darauf verzichtet, aber Puschkin gelang es irgendwie, meinen Leuten einzuflüstern, es sei eine wichtige Mission. Und sein Team lässt man nun mal nicht im Stich, oberste Regel.

Murachiwka ist ein winzig kleines Dorf wie aus dem vorletzten Jahrhundert. Geduckte Häuser, weiß und rosa bemalt, verblichene Farben, kein fließendes Wasser, für die Notdurft ein windschiefes Plumpsklo im Garten. Auf so ziemlich jedem Grundstück wurde Vieh gehalten. Hühner, Enten, Ziegen, Schweine, Kühe – alles, was half, mit selbsterzeugten Lebensmitteln übers Jahr zu kommen. Rundherum Felder bis zum Horizont. Einige der Häuser standen leer, die meisten jedoch waren bewohnt, auch jetzt, obwohl die nächsten russischen Stellungen nur etwa drei Kilometer entfernt lagen, Richtung Süden, wo die Grenze zwischen den Oblasten Mykolajiw und Cherson verlief.

Wir richteten uns in einem der leeren Häuser ein, das schon länger weder Staubtuch noch Wischlappen gesehen hatte und äußerst spartanisch möbliert war. Es gab genau einen Tisch, sonst nichts. Die Nachbarn versorgten uns mit Wasser aus einem Brunnen und netterweise auch mit Eiern und Brot. MREs hatten wir selbst mitgebracht, für jeden drei Packungen, die eine Woche reichen sollten.

Muss ich noch sagen, worin unser Auftrag bestand? Observationsposten – zwei davon sollten erschaffen werden. Der erste etwa achtzig Meter von unserem Quartier entfernt, im Schatten einer Baumgruppe, der zweite ein Stück nördlich davon, damit wir die komplette Westflanke des Dorfs absichern konnten. In beiden sollte jeweils Platz für zwei Soldaten sein. Das Übliche. So machten wir es auch. Um die Schützenlöcher gegen Drohnen zu tarnen, überdachten wir sie mit Tarp-Ponchos, die zusätzlich mit einer Schicht langer Gräser versehen wurden. Klingt ein bisschen nach Pfadfinderlager, doch wenn man weiß, dass neunzig Prozent des Steilfeuers im modernen Gefecht über Drohnen gelenkt wird, also mithilfe der Lageinformationen, die von Drohnen in Erfahrung gebracht und geliefert werden, betreibt man freiwillig ein bisschen mehr Aufwand.

Und täglich grüßt die Artillerie.

Wir machten unsere Arbeit, und als der Tag zu Ende ging, schob ich Wache in einem der OPs. Mit uns war noch eine Gruppe des Blue-Teams im Dorf, das zwei andere Posten besetzte. Unsere Anwesenheit schien für die russischen Truppen jenseits des Inhulez kein Geheimnis zu sein. Der Fluss markierte in diesem Abschnitt die erwähnte Oblastgrenze südlich des Dorfs. Und so war es wohl nur eine Frage der Zeit, bis sich die ersten Granaten in unsere Richtung auf den Weg machten, 122-Millimeter-Geschosse, abgeschickt von leichten Feldhaubitzen.

Die Einschläge waren nah, aber längst nicht so nah wie in Irpin. Erst dachte ich: Scheiße, warum tust du dir das wieder an!? Dann merkte ich, dass es nicht so bedrohlich war, wie es zunächst schien. Und trotzdem: In diesem Loch zu hocken und dazu verdammt zu sein, einfach nur zu warten und zu hoffen, das war gar nicht geil.

Noch weniger, wenn man jemanden im Team hatte wie Jason, der in unserem anderen OP saß, zusammen mit einem Briten. Jason, ein Amerikaner, etwa vierzig, wohlgenährt, hatte angeblich im Irak gekämpft. Falls das nicht sowieso erfunden war, musste er seitdem die einfachsten Regeln vergessen haben. Wir waren untereinander per Funk verbunden, sodass ich das Theater live mitbekam. Der Sprechkontakt lief über Walkie-Talkies, Kanal 8. Auf Kanal 12 konnten wir den Russen zuhören. Die Russen uns dann wahrscheinlich auch. Das vorweg. Und nun kamen die Geschosse angeschwirrt, schlugen irgendwo in der Nähe ein – durchaus Furcht einflößend, aber nicht wirklich eine große Gefahr.

Dazu die Liveshow aus dem anderen OP. Jasons Stimme. Das Walkie-Talkie krächzte. Jason klang aufgeregt, oder war da schon Panik herauszuhören? Als hätte er für eine zukünftige Sportreporterkarriere geübt, kommentierte er jeden Einschlag, den er mitbekam. Am Anfang beschrieb er die Entfernung noch recht unkonkret mit »nah« oder »sehr nah«, dann besserte er nach und schätzte sie in Meter. Fehlte nur noch, dass er die genauen Geländekoordinaten durchgegeben hätte. Und er wollte im Irak gewesen sein! Dort hatten seine Landsleute den Gegnerfunk abgehört. Im Training hatten wir auch extra darüber gesprochen: Mit solchen Angaben kann der Feind seine Granaten wunderbar ins Ziel lenken.

Man muss sich das vorstellen: Du sitzt in deinem Loch und hörst, was da gerade vor sich geht, kannst aber nicht davonlaufen. Einen OP zu verlassen, ist das Gefährlichste, was man in dieser Lage tun kann. Je tiefer man im Boden sitzt, umso geringer ist die Gefahr, sich Schrapnells einzufangen. Aber Jason machte auch das, flüchtete aus dem OP. Zusammen mit dem Briten. Die beiden schienen sich gegenseitig hochzuschaukeln. Offenbar war Panik keine falsche Vermutung. Hinterher, als der Beschuss aufgehört hatte, meinte er, der OP sei »verbrannt«, die Russen hätten sich auf ihn eingeschossen. Müssten sie da noch mal rein, würden sie sterben.

Ich guckte mir die Einschläge an. Das Wort »nah« hätte ich anders definiert. Aber ich wollte keinem befehlen, in einen OP zu gehen, in dem er sich nicht sicher fühlte – sicher unter den gegebenen Umständen. Also brauchten wir einen neuen Posten, fanden aber keine geeignete Stelle. Außerdem hätte es wieder Stunden gedauert – buddeln, tarnen und so weiter. Wir entschieden uns für ein leeres Haus, das günstig stand und den erforderlichen Beobachtungsradius hergab. Nun muss man kein Militärtaktiker sein, um zu wissen, dass auch so ein Gebäude vom Feind aufgeklärt werden kann, Stichwort Drohnen. Es geht immer wieder um Drohnen, mehr denn je. Das ist der moderne Krieg, auch wenn es ansonsten oft hergeht wie vor hundert Jahren. Folglich ist man gut beraten, solch einen OP nur so selten wie möglich zu verlassen, und zwar am besten im Dunkeln. Aus diesem Grund hatten wir ausgemacht, 24-Stunden-Schichten zu schieben und während dieser Zeit keinen Fuß vor die Tür zu setzen.

Ich drehe die Zeit ein, zwei Tage weiter. Dazwischen fand kein Bombardement statt. Das Haus war also unser neuer Observationsposten, wieder besetzt mit Jason und dem Briten. Diesmal entschieden sich die russischen Truppen, das Tageslicht zu nutzen. Es ging wieder los mit dem Artilleriebeschuss. Doch allem Anschein nach waren unsere Posten nicht das Hauptziel. Entweder das, oder die Russen waren schlicht besoffen. Oder sie schossen blind drauflos. Die Granaten blieben auf Distanz. Die meisten Einschläge konnten wir nicht einmal sehen. Aber die Geräuschkulisse war natürlich da.

Ich will mich nicht lustig machen, bestimmt nicht. Dafür war es viel zu ernst. Angst ist ein bescheidenes Gefühl. Das weiß ich selbst nur zu gut. In Irpin, als wir neben der Hauswand hockten, haben wir uns in die Hosen geschissen. Und Angst kann das Hirn lähmen, das Rationale wird abgeschaltet, man trifft Entscheidungen, die bei klarem Verstand sicher anders ausfallen würden. Ich steckte nicht in der Haut der beiden, aber so muss es gewesen sein. Verbunden vielleicht mit gewissen Sinnestäuschungen, verursacht durch den Lärm oder was auch immer. Jedenfalls fühlten Jason und sein Kamerad sich in dem Haus offenbar den Granaten hoffnungslos ausgeliefert, sodass sie kurzerhand die Flucht ergriffen. Und als wäre das nicht bereits ein Fehler zu viel, versteckten sie sich nicht etwa irgendwo, sondern liefen schnurstracks zu dem anderen Haus, das uns als Basis diente. Eine russische Drohne in der Nähe – sie ließen öfter welche fliegen –, und beide Objekte wären zu Zielscheiben geworden. So schaufelte man sich selbst sein Grab. Und für die anderen um einen herum gleich mit. Ich war fassungslos. Aber wir hatten Glück, die Russen bombten weiter ziellos ins Gelände. Das schienen sie überhaupt mit Vorliebe zu tun, nicht nur dort. Ich weiß nicht, wie oft ich während der Zeit in der Ukraine dachte: Gegen einen besseren Gegner würde es anders laufen. Ich erkannte keine Taktik, nur blinde Ballerei.

Andererseits, wie stellten wir uns denn an? Ich spreche hier nur von der Legion und nur von dem Ausschnitt, den ich miterlebte. Bei dem Einsatz in Murachiwka hatten sie uns einen Belarussen als Kommandeur vor die Nase gesetzt, 21 war der Bursche. Puschkin war woanders im Einsatz. Wenn das ukrainische Chefpersonal aus irgendwelchen Gründen nicht zur Verfügung stand, griffen sie meist auf Belarussen zurück. Es waren auch immer belarussische Soldaten, die unsere Fahrzeuge fuhren. Ohne Ausnahme. Uns Legionären wurde das nie anvertraut, obwohl die Belarussen der Sache nach auch Legionäre waren. Mehr als das Kommando für eine Gruppe wie in meinem Fall war für uns nicht drin. Wegen der Sprache, hieß es immer, aber ich weiß nicht, ob das der einzige Grund war.

In der Ukraine hört man es nicht gern, besonders jetzt, aber Fakt ist: Man kommt mit Russisch besser durchs Land als mit jeder anderen Sprache, selbst als mit Ukrainisch, was bei der Geschichte auch kein Wunder ist. Vor dem Zusammenbruch des Sowjetreichs wuchsen Generationen von Ukrainern mit Russisch auf. Viele haben russische Wurzeln, die weit zurückreichen. So was lässt sich nicht einfach ausradieren.

Zurück zu unserem belarussischen Jungkommandanten. Er kam eines Tages und wollte, dass meine Jungs im Dorf patrouillieren, um Präsenz zu zeigen. Wir sind hier, wir schützen euch – oder was er damit bezwecken wollte. Dummerweise waren wir nur acht Mann. Damit zwei Observationsposten besetzen, jeweils zu zweit, und das rund um die Uhr – ich würde sagen, da blieb niemand übrig. Was aber der eigentliche Punkt war: Die Russen fackelten nicht lange, wenn ihre Drohnen jemanden erspähten, der in ukrainischer Uniform durch die Gegend marschierte. Ich musste also ablehnen, um meine Leute und mich nicht leichtsinnig zum Angriffsziel zu machen.

Nach einigen Tagen rückte Verstärkung an. Zunächst ein Schwung Belarussen, in Truppenstärke, etwa 50 Mann, und eine Gruppe Amerikaner, die zur Legion gehörte. Anschließend kamen Einheiten der ukrainischen Streitkräfte, die Panzer, Schützenpanzer, Mehrfachraketenwerfer und Artillerie auffuhren, dass der Boden nur so vibrierte. Helikopter sollten folgen. Eine große Operation kündigte sich an. Pioniereinheiten sollten, sozusagen im Handumdrehen, eine provisorische Brücke über den Inhulez errichten, um den anderen Kräften den Weg ans andere Ufer zu ebnen, damit sie dort Landgewinne erzielten. Man wollte die Russen zurückdrängen und besetzte Dörfer zurückerobern.

Unsere Aufgabe blieb dieselbe, nur dass wir den ersten Observationsposten, den ich mitgebaut hatte, aufgaben und dafür einen an der Südflanke einrichteten. Somit hatten wir den Westen und den Süden im Blick. Die OPs sollten in 24-Stunden-Schichten besetzt werden, um unnötige Bewegungen unsererseits im Gelände zu vermeiden, damit wir und der OP möglichst nicht von Drohnen aufgeklärt würden. Das bedeutete: Zwei Mann hockten ununterbrochen in einer Grube, die ungefähr einen Meter fünfzig im Quadrat maß und einen Meter tief war. Geschlafen werden durfte nur bei Dunkelheit, natürlich im Wechsel, nicht gleichzeitig. Wobei man nicht ernsthaft von Schlafen sprechen konnte. Ich döste höchstens mal kurz weg. Selbst in dem OP, der sich in einem Haus befand, kriegte ich kaum ein Auge zu, obwohl ich total übermüdet war und man sich da auf dem Fußboden ausstrecken konnte, was fast schon ein Luxus war.

In der Gegend streunte ein kleiner Hund herum, und immer wenn ich mir meine Lider von innen anschauen wollte, kam er angetippelt und ließ mir keine Ruhe. Ich bin wirklich tierlieb, aber in der Nacht musste ich mich schwer beherrschen, dem armen Kerlchen nicht den Hals umzudrehen. Schlafentzug ist keine feine Sache, da wirst du ein anderer.

In der Nacht davor hatte es wie aus Eimern geschüttet. Ich war nicht draußen im OP, sondern Cooper. Es dauerte nicht lange, dann stand er knietief in der Brühe. So was muss man als Soldat eigentlich aushalten. Cooper schwenkte das weiße Tuch, sinnbildlich gesprochen. In solchen Situationen zeigt sich, wer echte militärische Erfahrung hat. Es ist weniger das Militärische an sich, das denjenigen verrät, sondern das Leben im Felde, wie es bei der Bundeswehr genannt wird – mit allem Drum und Dran, einschließlich der Leidensfähigkeit. Es gibt einen aus Amerika stammenden Militärspruch, der die Sache ganz gut trifft: Embrace the suck! Frei übersetzt: Finde dich mit dem Scheiß ab! Und der tiefere Sinn dahinter: Du musst Unangenehmes, das unvermeidlich ist, bewusst akzeptieren – idealerweise sogar noch wertschätzen, das ist gewissermaßen die Königsdisziplin dabei. Dreck und Staub, nicht genug und keine vernünftige Verpflegung, eng beieinanderhocken, kaum Schlaf und den auf steinhartem Boden – all das muss man nicht nur aushalten oder tolerieren, sondern dabei trotz allem eine gute, eine positive Einstellung bewahren. Darum geht's. Und es beschreibt zugleich die Situation, wie sie in Murachiwka war. Zumindest der erste Teil, das mit der positiven Einstellung war dort eher nicht so verbreitet.

Am Morgen nach der hundegestressten Nacht lief die Operation an. Die Sonne war noch nicht aufgegangen, als Artillerie einsetzte, diesmal von unserer Seite aus. Kurz danach wurden wir hellhörig – ein hochtöniges Fauchen, als würden irgendwo Jets mit laufenden Turbinen stehen. Dann sahen wir, wer die morgendliche Geräuschkulisse beisteuerte: T-80-Panzer rollten an. Die sind mit einer Gasturbine als Haupttriebwerk ausgestattet, daher das Geräusch.

Und sie waren vollgepflastert mit Reaktivpanzerung. Einen Moment stand die Frage im Raum, ob wir da unsere Einheiten sahen, also ukrainische. Die Russen benutzten die gleichen Panzer, sie stammten ja auch aus russischer oder sowjetischer Produktion. Die T-80 kamen aus der richtigen Richtung, aber das musste noch gar nichts bedeuten. Wir hielten erst mal gespannt die Luft an. Keine halbe Stunde oder so, ein paar Sekunden, vielleicht eine halbe Minute oder eine ganze. Und dann sahen wir die weißen Kreuze, die an den Seiten und vorn aufgemalt waren – das Erkennungszeichen der Ukrainer. Die Russen markierten ihre Fahrzeuge mit V oder Z – normalerweise jedenfalls. Inzwischen ist bekannt, dass da immer wieder geschummelt wird, von beiden Seiten, um sich taktische Vorteile zu verschaffen.

Im Übrigen scheuchten die Panzergeräusche auch Jason und den Briten auf, die in ihrem OP waren. Das heißt, kurz darauf waren sie es nicht mehr. Sie gaben über Funk durch, dass sie von Panzern angegriffen würden. Jason hatte wohl schon einen Raketenwerfer mit Panzerabwehrrakete bereitgemacht und wollte feuern, ließ es dann aber bleiben, weil er anscheinend doch unsicher war. Stattdessen ergriffen die beiden panisch die Flucht.

Die Operation lief nun. Ich ging mit Shurik ins sogenannte Hauptquartier. Eine große Halle inmitten des Dorfs, wahrscheinlich ein Überbleibsel aus sozialistischen Kolchosezeiten. Im Gegensatz zu den meisten Wohnhäusern war die Halle unterkellert. Deswegen sind wir dorthin, um uns in Sicherheit bringen zu können, falls es nötig würde. In dem Keller hatten sie die Munition gebunkert. Auf einmal waren wieder Turbinen zu hören, diesmal als Geräusch aus der Luft. Ein SU-25-Kampfflieger, den die Russen losgeschickt hatten. Luftnahunterstützung. Diese Jets sind stark gepanzert und fliegen für gewöhnlich ungewöhnlich tief. Mein Puls ging hoch. Der ungebetene Besucher feuerte einmal, scheinbar ins Leere, und entschwand unseren Blicken. Der Puls ging wieder runter.

Erst erreichte uns die Nachricht, der Angriff am Fluss würde gut verlaufen, die Truppen hätten übergesetzt und seien auf dem Vormarsch. Doch schon die nächste Meldung, die ich aufschnappte, klang weit weniger optimistisch. Die Helikopter, die den Bodentruppen Feuerunterstützung hätten geben sollen, waren nicht aufgetaucht. Dafür, so hieß es, stiegen russische in die Luft, die nun angeblich Kurs in unsere Richtung nahmen.

Sofort schickte jemand die Frage in die Runde, wer mit einer Matador umgehen könne, einer leichten Panzerfaust. Beim Bund war ich daran ausgebildet worden. Nicht gerade die ideale Waffe, um Helikopter vom Himmel zu holen. Eigentlich überhaupt nicht. Da müssten die schon sehr tief angeflogen kommen. Trotzdem sollten wir einen Gruß nach oben schicken, sobald wir einen sehen würden. Ich hatte mich freiwillig gemeldet, also konnte ich jetzt schlecht kneifen. Mir war klar, dass es ein wahnwitziges Unterfangen wäre. Doch zugleich hoffte ich, einen Helikopter ins Visier zu kriegen. Das nahezu Unmögliche doch erreichen, träumt davon nicht jeder?!

Ich dachte, wenn wirklich einer kommt, wird das entweder ein hammermäßig guter Tag – oder der letzte meines Lebens.

Im Rückblick schreibt sich das leicht hin. Mit einem Grinsen im Gesicht, wie ich gerade merke. An dem Tag, als ich dort in der Halle die Matador bereitmachte und wartete, fühlte sich das nicht annähernd so leicht an. Der Blutdruck stieg, das Herz schlug schneller, und im Kopf konkurrierten fleißig die Vorstellungen von den beiden Varianten, wie es ausgehen konnte. Dennoch musste ich versuchen, konzentriert zu bleiben … verdammt, war ich angespannt. Und hinterher ziemlich erschöpft. Obwohl nichts geschehen war. Kein einziger russischer Heli hatte sich blicken lassen.

Irgendwann kamen die ersten Kämpfer zurück. Auch die Panzer kamen zurück. Ohne Luftunterstützung hatten sie keine guten Karten. Nur die Belarussen blieben in ihren Stellungen auf der anderen, der südlichen Seite des Flusses. Dort gingen die Kämpfe weiter. Noch einen Tag oder zwei, dann sahen wir auch sie wieder. Sie brachten einige Verwundete mit. Auch Tote soll es gegeben haben. Das klingt wie eine Fußnote. Dabei war es doch das, worum es ging: dass das Töten aufhörte.

MASADA

DNIPRO/BACHMUT/KIEW

Anfang Juni trat ich aus der Internationalen Legion aus – am vierten, um genau zu sein. Gemeinsam mit Shurik und Cooper. Zu viele Zweifel, zu viel war schiefgelaufen. Ich wollte für die Ukraine kämpfen, nicht in gottverdammten Observationsposten tagelang Staub und Sand fressen und zusehen, wie die Granaten um mich herum einschlugen. War ich daran beteiligt, ein Dorf zu befreien? Konnte ich an irgendeinem Frontabschnitt helfen, den Feind zurückzudrängen? Hatte ich auch nur einen einzigen russischen Panzer zerstört? Nichts davon.

Murachiwka hatten wir nach sieben Tagen verlassen. Erst ging es mit großen offenen Militärlastern, auf denen uns der Wind um die Nasen blies, zurück ins Lager nach Mykolajiw, dann für Shurik, Cooper und mich weiter nach Kiew, gleich am folgenden Tag. Wir hatten alle drei den Entschluss gefasst, der Legion den Rücken zu kehren. In Kiew wartete Itamar auf uns, aber nicht in Sascha's Palace. Er war in der Zwischenzeit in Israel gewesen, um Familienangelegenheiten zu erledigen. Vorher hatte er seinen ukrainischen Militärpass abgeben müssen, sonst hätten sie ihn nicht gehen lassen. Als er zurück war und wieder bei der Legion anklopfte, wollten sie ihn auf einmal nicht mehr haben. Warum, das sagte keiner.

In Sascha's Palace führte ein neuer Kommandeur das Zepter. Sascha hatten sie nach Saporischschja abkommandiert. Ob das mit dem erwähnten Bericht zusammenhing, den die Legionäre an die Militärdienststellen und Behörden geschickt hatten, weiß ich nicht. Sein Nachfolger war ein ukrainischer Offizier des Militärgeheimdienstes.

Er sprach Englisch und sagte, wir könnten die Sache einfach halten. Dann legte er mir ein Schriftstück vor die Nase. Ich sollte unterschreiben, dass ich freiwillig den Dienst niederlegte und keine weiteren Ansprüche geltend machen würde, etwa in der Art, es war auf Ukrainisch verfasst. Bei Shurik und Cooper dasselbe. Wir gaben unsere Waffen ab, die Ausrüstung, die Uniformen. Meine Uniform hätte ich gern behalten, ich mag die ukrainische Felduniform, sie ähnelt der US-amerikanischen UniCam, aber da war mit denen nicht zu reden. Bevor wir Sascha's Palace verließen, kontrollierten sie unsere Taschen. Und das war's dann.

Am nächsten Tag fuhren Cooper, Itamar, Shurik und ich mit dem Zug nach Dnipro, dem ehemaligen Dnipropetrowsk. Oder Dnepropetrowsk, wie es zu Sowjetzeiten hieß. Die Millionenstadt liegt rund 400 Kilometer südöstlich von Kiew, auch am Dnepr, diesem Riesenfluss – oder ukrainisch Dnipro, wie auch die Stadt. Ein bisschen verwirrend, das mit der Sprache, mal Russisch, mal Ukrainisch, und auf Deutsch ist es dann noch mal anders.

Man fährt praktisch die ganze Zeit parallel zum Fluss, allerdings den Großteil der Strecke Kilometer entfernt, sodass man ihn nicht zu sehen kriegt. Aber es war sowieso dunkel, wir fuhren erst um neun Uhr abends los. Und es war unfassbar heiß und schwül in dem Zug, sodass kaum an Schlaf zu denken war, die ganze Nacht nicht. Als wir am Morgen gegen sechs Uhr ankamen, kletterten wir gerädert aus dem Waggon, bepackt wie Lastesel, jeder mit drei großen Taschen, in denen alles drin war, was wir hatten. Abgesehen von meinem Auto, das hoffentlich noch vor dem Hotel in Jaworiw stand.

In Dnipro waren wir mit Zagg verabredet. Und mit Chiara. Und mit Seev. Und mit Potemkin ... okay, das muss ich kurz erklären: Chiara hatte die Legion einige Zeit vor uns verlassen. Die Geschichte mit dem Kommandeur in Sascha's Palace war zu Ende gegangen.

Angeblich, so die legionsinterne Gerüchteküche, hatte er ihr den Laufpass gegeben. Ob das für sie der Grund war, aus Kiew wegzugehen, weiß ich nicht. Über Zagg, mit dem sie Kontakt gehalten hatte, kam sie dann mit einer Gruppe Israelis in Kontakt, ehemaligen Defense Forces, die für den Militärgeheimdienst GUR Spezialoperationen ausführte – wie assimilierte Freischärler. Der Geheimdienst lieferte Informationen und gab ihnen Aufträge – und Geld, sie agierten aber selbstständig. Zum Beispiel sollen sie sich in von russischen Truppen kontrollierte Gebiete eingeschlichen und hinter den feindlichen Linien Minen platziert haben, um Fahrzeugkonvois oder andere Militärtechnik zu vernichten. Die Truppe nannte sich Masada Six. Masada nach der antiken Palastfestung auf einem Gipfelplateau in der Judäischen Wüste am Toten Meer. Der Ort hat für das israelische Militär eine besondere Bedeutung, er steht symbolisch für die Verteidigung des Landes. Früher wurden dort oben alle Rekruten vereidigt, unter anderem mit dem Schlachtruf »Masada darf nicht fallen«. Den Zusatz Six gaben sie sich vermutlich, weil sie am Anfang sechs Mann waren.

Zagg war über seine jüdischen Verbindungen zu Masada gelangt, nachdem ihn die Legion nicht mehr gewollt hatte. Durch seine Vermittlung schloss sich auch Chiara dieser Truppe an. Dann entspann sich ziemlich schnell eine Liebesgeschichte zwischen ihr und Seev, dem zweiten Mann hinter dem Anführer. Insgesamt waren es inzwischen sieben oder acht Leute, mit Chiara nun zwei Frauen. Die andere war die Braut des Anführers. Was genau vorfiel, weiß ich nicht, aber die beiden Frauen konnten sich nicht ausstehen – Zickenkrieg ohne Ende. Wenn Chiara so weitergemacht hatte wie bei uns, konnte ich mir das lebhaft vorstellen. Daran, so wurde es mir dann erzählt, war die Truppe schließlich zerbrochen.

Seev, der aus dem ursprünglichen Team als Einzigen noch Potemkin an seiner Seite hatte, wollte Masada wieder aufleben lassen – Masada 2.0, sagte er immer. Deswegen saßen wir jetzt mit unserem Gepäckberg auf dem Hauptbahnhof von Dnipro und warteten. Zagg sollte uns abholen. Als er plötzlich vor uns stand, mussten wir zweimal hingucken, wir hätten ihn beinahe nicht erkannt. Er hatte seinen Bart abrasiert, sah zehn Jahre jünger aus. Während wir unserer Freude über das Wiedersehen mit Shakehands und ein paar lustigen Sprüchen Ausdruck verliehen, erschien auch Seev – groß, breite Schultern, kurzes schwarzes Haar, braun gebrannt, freundliches Gesicht, Anfang dreißig. Er begrüßte uns, als hätte ihm an diesem Tag nichts Besseres geschehen können, als uns kennenzulernen. Falls am Anfang die übliche Distanz zwischen Fremden da gewesen sein sollte, war die nach drei Sätzen aus seinem Mund verschwunden.

Ein anderes Wiedersehen fand in Seevs Apartment statt, irgendwo in der Innenstadt. Ein moderner Wohnblock mit Fahrstuhl, es schien eine gute Gegend zu sein. Dort wartete Chiara zusammen mit Potemkin. Ich würde gern sagen, dass ich von Dnipro beeindruckt war, von der Größe der Stadt oder von sehenswerten Gebäuden. Dass wir auf der Fahrt an spektakulären Kirchen vorbeikamen, an Museen, Denkmälern oder anderen aufregenden historischen Bauten. Und dass der Dnepr dort so breit ist, dass man das andere Ufer nicht sehen kann. Die Wahrheit ist nur, dass ich vielleicht manches davon sah, aber viel zu müde war, um es wirklich aufzunehmen.

Wenn man unsere Vorgeschichte mit Chiara bedenkt, wirkte die nächste Szene wie aus einem schlechten Theaterstück. Kaum hatten wir das Apartment betreten, strahlten uns ihre Augen voller Freude an, als hätte sie diesen Moment seit Tagen herbeigesehnt wie nichts anderes. Und es kam noch dicker. Sie gab mir nicht etwa die Hand, sie schlang ihre Arme um mich, dass ich kaum wusste, wie mir geschah. Mit Heuchelei kann ich schlecht umgehen. Seit ich von Masada gehört hatte und seit Shurik, Itamar, Cooper und ich beschlossen hatten, uns an dem Projekt zu beteiligen, hatte mir ein Gedanke immer Unbehagen bereitet: dass Chiara dabei sein würde. Ich musste mich mächtig anstrengen, mir das schönzureden. Hätte ich andere Optionen gehabt, aber die hatte ich nicht. Außerdem wollte ich mit Zagg und Itamar zusammenbleiben, das hatten wir uns gegenseitig versprochen. Und was Seev uns für Masada 2.0 in Aussicht stellte, klang auch nicht schlecht. Wir sollten entweder einen Vertrag mit den ukrainischen Streitkräften bekommen oder mit Spezialeinheiten des Geheimdienstes, aber nicht wie bei der Legion fest eingegliedert werden, sondern eigenständig agieren, uns die Missionen selbst aussuchen können. Und auch selbst unser Training organisieren.

Das waren die Vorzeichen. Mit dem Wissen von heute würde ich mich auf ein solches Abenteuer nicht mehr einlassen. Das soll nicht heißen, dass ich es bereue. Ich bin froh, die Erfahrung gemacht zu haben. War ich damals zu naiv? Auf jeden Fall war ich unerfahren genug, um mich so zu entscheiden, wie ich es getan habe.

Seev schien ein guter Typ zu sein. Er hatte mit seinen Masada-Six-Kameraden eindrucksvolle Missionen durchgeführt, den russischen Truppen sozusagen schmerzhafte Nadelstiche versetzt. Wenn wir da ansetzen konnten, würden wir den Krieg nicht entscheiden, aber endlich einen guten Beitrag leisten. Ich würde endlich einen guten Beitrag leisten – für die Ukraine, für die Menschen dort. Etwa so dachte ich, obwohl ich etwas Fantasie brauchte, um mir das an dem Tag vorstellen zu können.

Wir blieben nur kurz in dem Apartment, dann saßen wir in dem blauen Minibus, einem Ford, mit dem wir vom Bahnhof gekommen waren. Ein War Crime Wagon wie bei der Legion. Ob rote Kreuze dran waren, könnte ich jetzt gar nicht sagen. Später waren welche dran. Seev saß am Steuer. Wir verließen die Stadt, fuhren erst in nördliche Richtung, dann mehr ostwärts. Eine halbe Stunde, eine Dreiviertelstunde, vielleicht länger. Am Anfang waren die Straßen okay. Irgendwann hatten wir nur noch Waldboden unter den Rädern. Von da an zuckelten wir noch etwa zehn Minuten weiter, bis Seev auf einem völlig verwilderten Grundstück hielt, den Motor ausstellte und verkündete: »Ziel erreicht.«

Wir standen vor ... ja, wovor eigentlich? Einem Bungalow, einer Baustelle, einer Abrissruine? Es sah aus wie ein Campinggrund, um den sich ewig niemand gekümmert hatte. Wer das Ferienhäuschen, wenn man es so bezeichnen wollte, einst gebaut hatte, musste an der Arbeit seine Freude verloren haben, bevor es fertig war. Daneben stand noch eine kleine Holzhütte. Der Bungalow war in vier kleine Apartments aufgeteilt, in denen es an ziemlich allem fehlte, was sie wohnlich gemacht hätte. Zumindest hatten wir die nächsten Tage gut zu tun. Wir bauten eine Dusche ein, einen Boiler und ein zweites Waschbecken. Und wir besorgten einen Kühlschrank – und Matratzen, um nicht auf dem blanken Boden schlafen zu müssen. Seev und Chiara quartierten sich in der Holzhütte ein. Wir anderen teilten uns die Apartments. Das war nun unsere Basis.

Wir versuchten uns als Handwerker.

Und damit begann meine Wildwestzeit im wilden Osten. Seit ich den Vertrag mit der Legion gekündigt hatte, war ich de facto illegal im Land. Um das nicht weiterhin zu sein, brauchte ich den Vertrag, den Seev jedem von uns beschaffen wollte. Eines Tages kam er und meinte, wir müssten nach Bachmut, dort könnten wir uns der Armee anschließen. Ein Bekannter von ihm würde uns die erforderlichen Zugänge verschaffen. Dieser Bekannte, erzählte er, habe Beziehungen zu den Streitkräften, zum Inlandsgeheimdienst und zur Antidrogeneinheit der Polizei. Und er führe selbst ein Team mit Kämpfern, hauptsächlich ukrainischstämmigen, aber auch einigen, die aus anderen ehemaligen Sowjetrepubliken kamen und Russisch sprachen. Angeblich stand seine Truppe bereits bei den Streitkräften unter Vertrag.

Wir packten unsere Sachen zusammen, verstauten alles im Ford und machten uns auf den Weg, in der Annahme, für die nächste Zeit in Bachmut stationiert zu sein und im Donbass zu kämpfen. Ein paar von uns fuhren mit einem Kia-SUV, silberfarben, unserem zweiten Einsatzfahrzeug. An einer Autobahnauffahrt ein Stück außerhalb von Dnipro wartete Seevs Bekannter mit seinen Leuten, alle bewaffnet, vier oder fünf Fahrzeuge, eine kleine Armee.

Wir fuhren im Konvoi. Knapp dreißig Kilometer vor Bachmut verließen wir die Strecke. Der Ort hieß Konstjantyniwka. Inzwischen war es dunkel. Wir steuerten ein großes Wohnhaus an, eine Art Villa, die unser Nachtquartier sein sollte. Es gab Essen, dann versammelten sich alle vor dem Haus, dreißig, vierzig Mann. Seevs Bekannter hielt eine Ansprache, das heißt, es sollte wohl eine Ansprache werden. Was rauskam, war nur Gegacker und Gekicher, der Typ war vollkommen bekifft.

Aber es sprach auch ein anderer, der den Durchblick zu haben schien. Er wirkte straight und war auf seine Art eine imposante Erscheinung. Ein Hüne. Kahl rasierter Schädel und bis zur Halskrause tätowiert. Ich bin mir nicht sicher, ob ich schon an dem Abend mitbekam, welche Symbole er auf der Haut mit sich herumtrug. Wir hatten bald öfter miteinander zu tun. Auf den ersten Blick wirkte er Furcht einflößend, auf den zweiten ehrlich gesagt auch. Aber zu mir war er immer korrekt. Die meisten seiner Tattoos, die ich gesehen habe, ob dort oder später, schienen Symbole der nordischen Mythologie darzustellen. Hakenkreuze hatte er sich auch tätowieren lassen, eines auf den Oberkörper, eines auf den linken Arm. Und wenn man genau hinguckte, konnte man noch verschiedene Abwandlungen davon entdecken.

Zagg forschte nach dieser ersten Begegnung im Internet, ob man etwas zu ihm finden konnte. Er hatte bei irgendwem aufgeschnappt, dass Suleiman – so sein Kampfname – ein knochenharter Bursche sei, um es mal so auszudrücken. Mit Knasterfahrung. Und ja, im Netz stand eine Menge. Vor allem in ukrainischen Artikeln, aber auch in russischen, sogar in syrischen. Die Geschichten konnten einem unruhige Nächte bescheren, um nicht zu sagen, Albträume. Es ging vor allem um seine Zeit beim Tornado-Bataillon, einer Freiwilligentruppe, die sich dem Kampf gegen prorussische Separatisten in der Ostukraine verschrieben hatte und dabei äußerst brutal vorging. Das Bataillon hatte ein eigenes Gefängnis unterhalten, wohin Leute verschleppt und wo sie gefoltert wurden. Nackt mit Wasser übergossen und dann Strom drangehalten, solche barbarischen Sachen. Es wurden auch Videoaufnahmen gefunden, so stand es da, wo Gefangene gezwungen wurden, andere Gefangene zu vergewaltigen. Dabei sollte die Truppe, die inzwischen aufgelöst war, offiziell der Polizei unterstellt gewesen sein. Solche Strukturen wirken manchmal recht undurchsichtig, für unsere Verhältnisse geradezu anarchisch, wie man auch bei anderen solcher Bataillone oder Regimenter sehen kann, ob sie Asow, Stugna oder Kraken heißen. Nicht wenige Mitglieder dieser Freiwilligenverbände stehen der rechtsextremen Szene nahe oder sind selbst Teil davon. Die Verwendung nationalsozialistischer Symbolik scheint Gesinnungssiegel und Markenzeichen zugleich zu sein. Das Asow-Regiment beispielsweise, das vor Jahren in die Nationalgarde des Innenministeriums eingegliedert wurde, diente der russischen Propaganda zu Kriegsbeginn als ein Beleg dafür, dass die Ukraine voller Faschisten und Neonazis sei, von denen sie »gereinigt« werden müsse. Eine andere Argumentationslinie bezieht sich auf Gestalten wie Stepan Bandera, der in Teilen der Ukraine bis heute als Held verehrt wird, obwohl er einst eine radikalnationalistische und antisemitische Organisation anführte, die sich an der Ermordung von Hunderttausenden Juden durch Hitlerdeutschland in der Westukraine beteiligte und dort selbst auch Massaker an polnischen Bewohnern beging. Bandera kämpfte mit seinen Anhängern aber eben auch gegen die Sowjetherrschaft nach dem Zweiten Weltkrieg. Er wurde Ende der Fünfzigerjahre von KGB-Agenten in München getötet. Ein schwieriges Thema das Ganze, aber das müssen die Ukrainer lösen, es ist die Last ihrer Geschichte. Ich sagte schon: Nichts rechtfertigt den Krieg, den Putin vom Zaun gebrochen hat. Ich erkläre diesen geschichtlichen Hintergrund, weil ich mit diesem Thema immer wieder konfrontiert wurde. Suleiman war wahrscheinlich die krasseste Figur, die mir in dieser Hinsicht begegnete. Wobei Hakenkreuze schon in der Legion nicht zu übersehen gewesen waren. Selbst Mischa, der GUR-Offizier, der das Red-Team anführte und später bei einer Aufklärungsmission von Russen erschossen wurde, trug eines als Tattoo auf der Brust. Von Suleiman kriegte ich später die Erklärung, das Hakenkreuz bedeute für ihn, dass er gegen die Russen sei und gegen Kommunisten. Und dass er Widerstand leiste gegen Unterdrückung. Darauf konnte ich mir meinen eigenen Reim machen.

In was für eine Gesellschaft wir geraten waren, offenbarte sich am nächsten Morgen. Auf der Fahrt nach Bachmut legten wir einen Zwischenstopp ein. Zwar hatten wir noch keine Verträge, trotzdem sollten wir eine erste Mission durchführen. Ich dachte, wenn Seev das sagte, würde das schon in Ordnung sein. Mehr Gedanken machte ich mir nicht. Und ehe ich mich versah, fand ich mich in einem Videospiel wieder. Wie bei einer Tutorial Mission: Überwältigt den, dann kriegt ihr was.

Es war in einem kleinen Ort, nicht weit von der Landstraße, die nach Bachmut führte. Wir hielten vor einem Grundstück, das mit einer Gartenmauer eingezäunt war. Seev, sein Bekannter, Suleiman, Cooper und ich. Wir trugen Pistolen, einer ein Scharfschützengewehr. In dem Haus, so wurde beim Briefing gesagt, halte sich ein prorussischer Kollaborateur versteckt. Und der sollte uns zu einem geheimen Waffenlager führen.

Wir marschierten dort rein. Zwei Frauen tauchten auf, eine älter, eine jünger, vermutlich Mutter und Tochter. Dann die übliche Methode, wie man es aus dem Fernsehen kennt oder aus dem Kino: Wir wissen, dass er da ist. Wenn er sich stellt, passiert ihm nichts. Wenn nicht, wird er sterben.

Er sei nicht da, behaupteten die Frauen.

Er ist da, beharrten wir.

Nein.

Doch.

Suleiman, Seev und dessen Bekannter führten das Wort. Cooper und ich standen wie Zuschauer im Hintergrund. Unsere Abordnung und unsere Waffen schienen Respekt einflößend genug zu sein, nach einer Weile kam der Gesuchte vom Dachboden geklettert. Wir nahmen ihn mit ins Auto.

Wie gesagt: Tutorial Mission. Er wusste von jemandem, bei dem angeblich Waffen versteckt waren. Also fuhren wir hin. Cooper und ich blieben mit unserem Gefangenen im Auto, die anderen knöpften sich den Nächsten vor. Ohne lange Reden zerrten sie ihn auf die Straße, wo wir ihn zu sehen kriegten – Shorts, Unterhemd, um die vierzig. Damit hatte der Erste seine Schuldigkeit getan, er durfte gehen. Den anderen behielten Suleimans Leute. Für uns war die Mission damit beendet. Am nächsten Tag sprach ich mit einem von Suleimans Kämpfern, einem Deutschukrainer, den ich an dem Abend in Konstjantyniwka kennengelernt hatte. Er meinte, die Aktion sei erfolglos gewesen. Kein Waffenlager. Dann wollte ich wissen, was aus dem Mann geworden sei, den sie mitgenommen hatten.

Manche Fragen sollte man besser nicht stellen. Dieses Separatistenschwein hätten sie in einem Straßengraben kaltgemacht, sagte er und hielt sich dabei die Hand wie eine Pistole an die Schläfe.

Dann ging es nach Bachmut, in ein Hotel in der Innenstadt, westlich der Bachmutka, eines Flusses, der den Ort von Nord nach Süd durchschneidet. Im Vergleich zu heute war die Stadt noch relativ unversehrt. Es hatte erste Bombardements gegeben, aber längst nicht von der Intensität, wie sie bald folgen sollte. Wir hockten im Hotel und warteten.

Ein friedlicher Moment in Bachmut.

Seev war unterwegs. Er wollte sich um die Verträge bei den Streitkräften kümmern, wollte alles regeln. Stunden vergingen, doch er meldete sich nicht. Erst am nächsten Morgen erfuhren wir, dass alles eine Luftnummer war. Angeblich gebe es keine Verpflegung, deswegen könnten uns die Streitkräfte nicht aufnehmen. Wir waren entmutigt und frustriert – und traten den Rückzug an. Sollte es so weitergehen wie bei der Legion? Nutzlos verschwendete Zeit, während anderswo gekämpft wurde? Wie gesagt, in der Rückschau würde ich manches anders machen. Aber zu der Zeit steckte ich mittendrin. Und ich war nicht allein. Wir waren ein Team, das zählte und war irgendwie eine Verpflichtung, auch wenn Chiara furchtbar nervte, und zwar jeden von uns außer Seev. Gemeinsam hatten wir ein Ziel, nur anscheinend noch nicht den richtigen Weg gefunden. Vielleicht war das in solchen Zeiten völlig normal.

Hier galten andere Regeln. Erlebten wir das nicht jeden Tag? Waren wir mit unseren Fahrzeugen unterwegs und brauchten Sprit, fuhren wir die nächstbeste Tankstelle an und tankten – umsonst. Weil das Militär umsonst mit Sprit versorgt wurde, wie auch immer sie das abrechneten. Wenn Seev uns also diesen Status schuf, warum sollten wir zweifeln, dass wir auch bald unsere Verträge in den Händen halten würden?

Als hätte es eines zusätzlichen Beweises bedurft, fuhren wir auf dem Rückweg, irgendwo zwischen Bachmut und Konstjantyniwka, zu einem Militärdepot, das sich als zivile Lagerhalle tarnte oder von einer solchen umfunktioniert worden war.

Betonwände, Stahltor. Wir hielten vor dem Eingang. Seev kannte dort jemanden, oder es war Seevs Bekannter, der uns den Zugang verschaffte. Die Halle entpuppte sich als Waffen- und Munitionslager. Jeder von uns wurde mit einer nagelneuen AK-74 ausgestattet, originalverpackt. Awtomat Kalaschnikowa. Samt Bajonett und Magazinen und Munition. So geschildert, wirkt es etwas zwielichtig. Aber es schien alles offiziell zu sein, unsere Namen wurden vermerkt, auch unsere Daten. Und wir gaben Unterschriften.

Und dann waren wir wieder in unserer Campinggrundbasis bei Dnipro, getarnt durch wuchernde Unkräuter und dem Anschein der Verlassenheit. Auf dem Gelände dümpelte ein Bach vor sich hin, der mehr ein Rinnsal war und einen Geruch verströmte, der uns nicht an frisches klares Wasser denken ließ. Jetzt sollten wir die Verträge von den Streitkräften in Dnipro erhalten. Aber es zog sich hin. Dass fast alle von uns die drei Monate visafreie Zeit überschritten hatten, machte es nicht einfacher. Papierkram musste erledigt werden und noch mehr Papierkram, hundert Formulare. Außerdem mussten wir uns im Militärkrankenhaus einem medizinischen Check-up unterziehen. Die Leute standen Schlange. Seev nutzte seine Beziehungen und wohl auch Bares, um uns im Schnellverfahren durchzulotsen.

An Geld schien es ihm nicht zu mangeln, was an seinem Vater gelegen haben dürfte, einem Oligarchen. Dnipro ist eine Hochburg für diese Klientel, das war sie schon zu Sowjetzeiten. Der Dnipropetrowsker Klan. Oligarchen und Politiker hinter verschlossenen Türen, in verschwiegenen Etablissements, alles etwas undurchsichtig. Ich traf Seevs Vater einige Male. Eine wuchtige Erscheinung, in der Höhe wie in der Breite. Höflich und freundlich, aber nicht die Art von Freundlichkeit, dass man sich ihn als Kumpel vorstellen könnte. Ein Teil der Sippe soll in Westeuropa leben, unter anderem in England, und dort auch Anwesen besitzen.

Die Verträge! Jedes Mal dachten wir: Einen Schritt noch, dann sind wir drin. Unsere Hoffnung hangelte sich von einer Woche zur nächsten. Wir hielten uns fit, trainierten Infanterietaktiken, fuhren auf eine Schießbahn – und warteten. In der Zeit holte ich meinen Škoda nach Dnipro. Auf dem Hotelparkplatz in Jaworiw stand er nicht mehr, aber ich fand ihn in einer Werkstatt nicht weit davon. Jemand hatte die Schlösser ausgewechselt, wohl darauf spekulierend, dass ich nicht zurückkäme. Es fühlte sich seltsam an, wieder mit meinem Schwarzen zu fahren. Seltsam und ein bisschen wie zu Hause.

Das ist das Stichwort, da ich gerade im Haus meiner Eltern sitze, wo alles begann. Mich erinnere. Aber nicht allein. Liza sitzt neben mir. Unsere Geschichte fing etwa zu der Zeit an, als ich wieder in Dnipro war. Damals war ich schon eine Weile auf Badoo unterwegs, einer Datingplattform ähnlich Tinder, die dort ziemlich angesagt ist. Um zwischendurch auf andere Gedanken zu kommen. Und, um ehrlich zu sein, weil ich mir in den Kopf gesetzt hatte, ein ukrainisches Mädel kennenzulernen. In meinem Alter vielleicht nicht das Ungewöhnlichste. Bei der Legion hatten sie uns am Anfang versprochen, dass, wer für ihr Land kämpfe und daran interessiert sei, die ukrainische Staatsbürgerschaft erhalten könne. Oder dass es leichter möglich wäre, ohne große Hürden. Ich fand die Vorstellung durchaus reizvoll. Die Ukraine ist ein wundervolles Land, ich habe viele freundliche Menschen erlebt. Und das WLAN funktionierte immer tadellos – okay, Spaß beiseite.

Aber das mit der Staatsbürgerschaft, vielleicht spielte es im Hinterkopf tatsächlich eine Rolle. Der Punkt, an dem ich in meinem Leben stand, bevor ich in die Ukraine ging, war wie eine Wegkreuzung, nachdem ich auf einer Einbahnstraße unterwegs gewesen war. Ich hatte nun mehrere Optionen. Warum sollte ein anderes Land, warum sollte die Ukraine keine davon sein? Das kann ich mir immer noch vorstellen.

Liza und ich, wir schrieben uns eine Zeit lang. Sie war nicht die Einzige, aber die Einzige, die mich dann wirklich interessierte. Klingt wahrscheinlich ein bisschen schräg: Dating im Krieg. Aber die Verhältnisse in Kiew, wo wir uns bald kennenlernen sollten, waren inzwischen so, dass man sich nicht nur auf die Straße wagen konnte, sondern fast wieder ein normales Leben stattfand – normal unter den Umständen. Und solange kein Luftalarm war oder russische Raketen durchkamen. Viele, ich würde sagen, die meisten wurden zum Glück von den ukrainischen Luftabwehrsystemen abgefangen.

Eines Tages beschlossen wir, die digitale Welt gegen die echte zu tauschen und uns leibhaftig zu treffen. Ich nahm mir ein Wochenende Urlaub und fuhr nach Kiew. Fünf Stunden Autobahn, Cooper kam mit, er hatte auch ein Date. Treffpunkt war der Majdan vor dem Unabhängigkeitsdenkmal, wo früher eine riesige Leninstatue in den Himmel geragt hatte, sowjetischer Gigantismus. Ich wartete am Metroausgang. Sie kam die Treppe hinauf – schwarze Stiefel, graues Kleid, mit dem scheuen Blick eines Rehkitzes. Das braune Haar offen, um den Hals einen Choker, wie Natalie Portman ihn in *Léon – Der Profi* trug.

Ich kannte Fotos von ihr und fand, dass sie nicht geschummelt hatte. Aber etwas anderes hatte sie verheimlicht. Damit rückte sie jetzt heraus. Nicht sofort, wir gingen erst ein Stück spazieren, hinüber zur St.-Andreas-Kirche, vor der zerstörte russische Kriegsfahrzeuge ausgestellt waren, was ihr unangenehm zu sein schien. Sie druckste etwas herum. Überhaupt hatten wir Mühe, ins Gespräch zu kommen. Die Sprache. Ihr Englisch war nicht halb so gut wie heute, und ich konnte weder mit Russisch noch mit Ukrainisch auftrumpfen.

Irgendwann überwand sie sich und erzählte, dass sie aus Russland stamme, ihr Vater dort noch lebe. Sie hatte das so lange für sich behalten, weil sie glaubte, ich würde ihr nicht mehr schreiben oder spätestens jetzt davonlaufen. Ich nahm ihr die Angst. Wir gingen essen, schlenderten dann weiter, zum Park hinter dem Michaelskloster, den Hügel hinauf zum ehemaligen ukrainisch-russischen Freundschaftsdenkmal, von dem nur noch der unverfängliche Titanbogen stand, bis wir auf der Klitschko-Brücke ankamen, stehen blieben und zum Dnepr hinüberschauten. Wir hielten uns an den Händen, sahen uns in die Augen. Für einen Moment war der Krieg weit weg. War alles weit weg. Nur wir zwei waren da. Und ihr Lächeln und mein Lächeln … und dann küssten wir uns.

IM SÜDEN

MYKOLAJIW/LJUBOMYRIWKA/ MAKSYMIVKA

Wieder ein Ortswechsel. Den Campinggrund bei Dnipro gaben wir auf, um uns in Mykolajiw einzunisten. Endlich hatten wir Verträge. Die Zeit der Gesetzlosigkeit war vorbei. Die ukrainischen Landstreitkräfte, kurz: ZSU, machten uns zu regulären Soldaten – mit Militärpass und Waffe und Uniform, mit allem, was wir bei der Legion auch hatten, inklusive Bankkonto und Bezahlung, die ähnlich hoch ausfiel. Oder ähnlich gering, wie man will. Pro Monat waren es umgerechnet rund dreitausend Euro. Weniger als damals in Afghanistan, aber mehr, als ein Mannschafter bei der Bundeswehr im Regeldienst einstrich.

Allerdings gab es auch Unterschiede, zum Beispiel dass wir uns jetzt mit Uralt-Kalaschnikows aus den Sechzigerjahren begnügen mussten, Modell AKM, Kaliber 7,62. Um daraus eine halbwegs moderne Waffe zu machen, kauften wir aus eigener Tasche verschiedene Anbauteile wie Sturmgriffe, Rotpunkt- und Reflexvisiere. Die Sachen beschaffte uns Zagg, der für ein paar Wochen in die USA musste und sich bei der Gelegenheit zum Drohnenpiloten ausbilden ließ.

Ein anderer Unterschied zur Legion bestand darin, dass es keine Truppenunterkunft wie Sascha's Palace gab. Wir quartierten uns in einem Plattenbau im Stadtzentrum ein, zehnter Stock. Anfangs kamen alle im selben Apartment unter, acht Leute in einem Zimmer, mit Raumteiler als Sichtschutz. Mit dabei war auch ein Welpe, den Chiara auf der Straße aufgelesen hatte. Der kleine Wicht schiss und pisste in jede Ecke, sogar in meinen Schlafsack.

Als Erster verdrückte sich Cooper, ihm war das zu eng. Außerdem schien er zunehmend psychische Probleme zu haben, es sah nach einer Depression aus. Er suchte sich ein Plätzchen auf dem Nachbargrundstück, um sein Zelt aufzuschlagen. Oder er schlief in einer Bauruine, die dort stand. Shurik war der Nächste, er nahm sich ein eigenes Apartment, auch um gelegentlich ein bisschen Spaß mit der einen oder anderen Dame zu haben. Die Mädels standen auf ihn. Und irgendwann verschwanden auch Seev und Chiara, mitsamt dem Köter, was es für die restlichen Bewohner um einiges erträglicher machte. Das waren dann Potemkin, Itamar, Biker und ich.

Biker war neu im Team, ein Deutschitaliener, Chiara hatte ihn angeschleppt. Ende fünfzig, menschlich in Ordnung aus meiner Sicht. Militärisch überschätzte er sich ein wenig. Er verkaufte sich als Sniper, konnte sicher gut schießen. Doch gut zu schießen macht nicht mal die Hälfte der Scharfschützenausbildung aus. Da gehört weitaus mehr dazu, Fitness, taktisches Verhalten und so weiter. Aber gut, viele behaupten, sie seien Sniper, und sind es dann doch nicht, wenn es an die Front geht und mehr gefragt ist als das reine Schießen.

Und noch etwas hatte sich geändert: Wir rückten nicht mehr geschlossen als Team aus. Somit war es mit Masada vorbei. Im Grunde hatte es Masada auch nie gegeben, nicht so, wie es ursprünglich gedacht gewesen war. Vertane Zeit? Irgendwie schon. Doch letztlich führte es dahin, dass wir endlich an die Front geschickt wurden und kämpfen konnten. Jetzt war es so, dass für bestimmte Missionen gezielt Kameraden von uns angefordert wurden. Entweder kam die Ansage: Wir brauchen so und so viel Mann. Oder es sollten ganz bestimmte Personen sein. Seev zum Beispiel wurde als ehemaliger Panzerkommandant häufig für Panzermissionen angeheuert, meistens zusammen mit Potemkin.

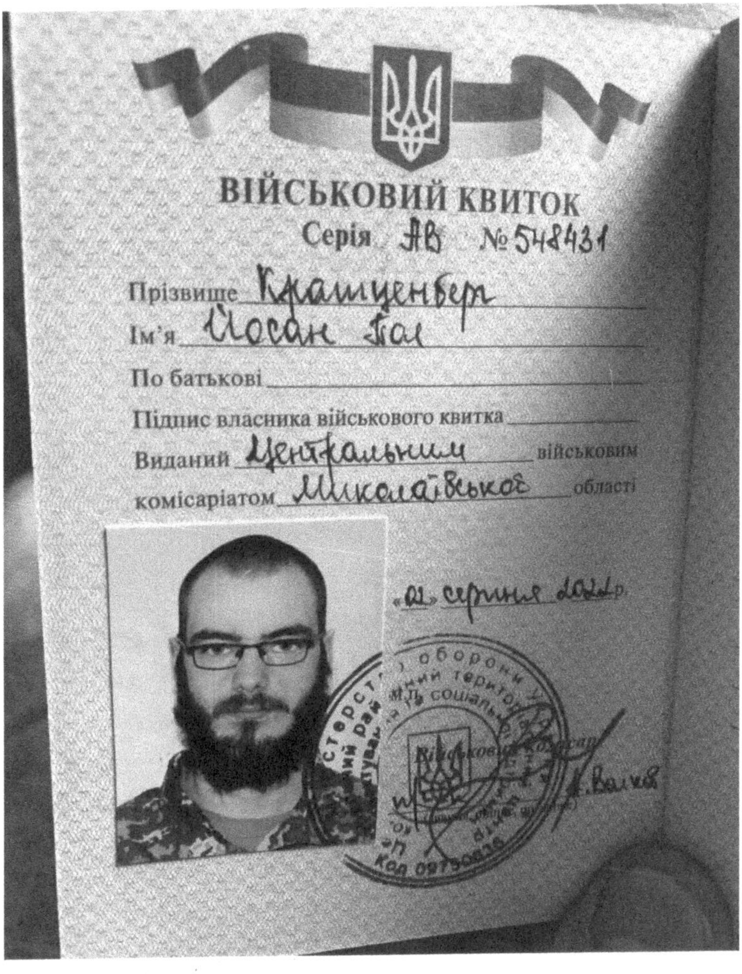

Der zweite Militärpass.

Möglich gemacht hatten all das aber nicht Seev oder Suleiman, obwohl Letzterer es war, der uns zum Richtigen führte – nämlich zu Arawan. Keine Ahnung, woher die beiden sich kannten. Aufgrund seiner Körperfülle und seines Aussehens nannten wir Arawan »The fat Leonidas« – nach König Leonidas in dem Film *300*, einer US-amerikanischen Comicverfilmung, die eine Schlacht aus den Perserkriegen nacherzählt. The fat Leonidas dürfte Ende dreißig gewesen sein. Er schob einen beeindruckenden Wanst vor sich her und ließ seinen schwarzen Vollbart offenbar seit Jahren wuchern. Dafür hielt er das Kopfhaar umso kürzer. Ich konnte ihn nie so richtig einordnen. Auf irgendeine Weise war er mit dem ukrainischen Militär verbandelt, aber dort in keine Struktur eingebunden. Weder hatte er einen Posten noch einen Dienstgrad, jedenfalls nicht dass wir es mitgekriegt hätten. Möglicherweise lag das daran, dass er Armenier war. Oder er gefiel sich in der Rolle eines Warlords – so schien er sich zu sehen – einfach besser. Mehr Freiheiten, vielleicht auch mehr Kohle, da gab es sicher einige Vorzüge.

Immerhin reichte sein Einfluss so weit, dass er anscheinend nur mit den Fingern zu schnippen brauchte, um uns bei den Streitkräften unterzubringen. Und nicht nur uns, auch Suleiman und dessen Truppe. Noch so ein Punkt: In Deutschland wäre es undenkbar, dass jemand wie Suleiman für die Bundeswehr in einen Schützengraben steigt oder sonst eine Aufgabe bei der Truppe übernimmt. Ich glaube, ich hatte noch nicht erwähnt, dass unser Freund der Hakenkreuze für die Verbrechen, die er als Kämpfer des Tornado-Bataillons im Donbass begangen hatte – Entführung, Folter und was noch auf der langen Liste stand –, zu zehn Jahren Gefängnis verurteilt worden war, nach fünf Jahren allerdings wieder rausgelassen wurde. Erst Hausarrest, bis ihm mit Beginn des Kriegs auch diese Fesseln abgenommen wurden, damit er an die Front konnte. Würde man hierzulande vermutlich etwas anders regeln. Nur weil immer über EU-Beitritt und NATO-Aufnahme diskutiert wird. Das mag jetzt ein winziger Ausschnitt sein, aber ich wüsste gar nicht, wie das schon passen sollte. Mal realistisch betrachtet, bei aller Sympathie für dieses Land und seine Menschen.

Die ersten Missionen sind schnell erzählt. Sagen wir, es waren Fehlstarts. Eine Scharfschützenmission bei Ljubomyriwka, einem kleinen Nest, Luftlinie etwa achtzig Kilometer entfernt, zu der ich mit Biker rausgeschickt wurde – er Sniper, ich Spotter. So ist es üblich bei einem Scharfschützeneinsatz. Der Spotter ist normalerweise der Erfahrenere von beiden. Er führt die Zielbeobachtung durch, sagt dem Sniper, wohin er schießen soll. Und er verfolgt beobachtend den Schuss, um zu sehen, ob das Geschoss das Ziel trifft oder ob die Schussrichtung nachkorrigiert werden muss.

Die Russen hielten die Siedlung besetzt. Ukrainische Truppen sollten angreifen und wir ihnen von einer Baumgruppe aus Feuerschutz geben. Von dieser Baumgruppe bis zu dem Dorf waren es allerdings etwa anderthalb Kilometer. Aus dieser Distanz hätten wir schwer etwas ausrichten können. Am Ende saßen wir im Schützengraben, beobachteten die Siedlung, meldeten den ukrainischen Soldaten, wenn sich irgendwo etwas bewegte.

Und der Angriff fand auch nicht statt. Für mich war es dennoch eine wichtige Lektion, nämlich die, sich nicht noch mal auf eine Sniper-Geschichte einzulassen. Nicht mit Biker. Er war schon mit

An der Front – auf dem Handy Bilder aus der Heimat.

dem Gewicht des Scharfschützengewehrs überfordert. Ich musste seine Munition schleppen. Als wir ein offenes Feld überquerten, am helllichten Tag, Drohnen und Artillerie ausgesetzt, wäre Laufschritt angebracht gewesen. Er schaffte es kaum im Gehen.

Für die nächste Mission stimmten wir uns auf Häuserkampf ein, die Königsdisziplin der Infanterie. Russische Einheiten hatten eine Wasseraufbereitungsanlage gekapert, in derselben Gegend. Unser Trupp sollte stürmen, das Gelände zurückerobern und es dann an ukrainische Einheiten übergeben. Kurz vor Mitternacht starteten wir mit zwei Humvees und einem Humvee-Pick-up. Drei Teams, knapp dreißig Mann. Erst auf die Autobahn, dann runter, bis zu einer Baumgruppe, dort absitzen. Weiter zu Fuß, durch Gräben und kleine Waldstücke mit dichtem Unterholz, das unser Tempo drosselte. Auf freier Fläche vorbei an Panzerwracks, von denen dort reichlich vor sich hin rosteten. Rundherum Kriegslandschaft. Von Granaten gefällte Bäume, aufgerissene Erde, Spuren der Einschläge und überall smerch trees, die Reste von leichten Lenkraketen, die wie Setzlinge aus dem Boden ragten.

Nach zwei, drei Kilometern, die einem doppelt so weit vorkamen, erreichten wir ein kleines Stellungssystem der ukrainischen Armee. Gräben und einzelne Schützenlöcher, die rund um die Uhr von Kämpfern besetzt waren. Dort warteten wir eine Weile, es kann gut eine Stunde gewesen sein. Dann ging's weiter, bis wir kurz vor der Anlage hielten. Seev und Suleiman spähten die Lage aus, der Rest wartete. Mein Puls pochte. Gedankendomino. Klack, klack, klack, einer nach dem anderen, in Kurzversion. Häuserkampf ... Held werden oder sterben ... Liza ... Mutter, Vater, Schwester ... Freunde, die Clique ... dann wieder Häuserkampf, es wäre das erste Mal, das erste Mal im Ernstfall. Und dann noch mal der Gedanke an den Tod, der drängelte sich rein, aber damals noch abstrakt, nicht wirklich greifbar. Da und doch nicht da.

Unser Einsatz endete mit einer vernunftgesteuerten Entscheidung. Wie sich herausstellte, waren zu viele Russen auf dem Gelände, wir hätten keine Chance gehabt, nicht im Häuserkampf. Der Angriff wurde abgeblasen. Im Morgengrauen stiefelten wir zurück.

Die meisten Missionen zu der Zeit begannen kurz vor Mitternacht. Einige Stunden vorher kamen die Instruktionen, über WhatsApp. Wer gebraucht wurde, was gebraucht wurde, wo es hinging, wann Start war und so weiter. Der Stamm des Teams bestand in der Regel aus ukrainischen Soldaten, wir wurden dazugebucht, je nach Bedarf sozusagen. Potemkin war unser Kommunikator, über ihn lief der WhatsApp-Austausch, ausschließlich auf Russisch. Wir scharten uns um ihn, er las vor, übersetzte. Dann hatten wir Zeit, alles fertig zu machen – Waffen vorbereiten, Magazine laden, Ausrüstung bereitlegen, Verpflegung auswählen und verstauen. Brauchten wir zusätzlich etwas, Handgranaten oder neue Munition, forderten wir es bei Seev an, der unsere Bestellung an Arawan durchgab, manchmal auch nicht. Oft leider nicht. Das war nicht seine Stärke, um nicht zu sagen, darin war er echt schlecht. Dabei ist Information das A und O, für mich mit das Wichtigste, ob als Teamleader oder Schütze Arsch. Bei der Bundeswehr wurde darauf extrem viel Wert gelegt. So viele Informationen einholen wie irgend möglich und die dann hoch und runter melden, damit jeder Bescheid weiß. Bei Seev konnte es vorkommen, dass er einem nicht mal sagte, wie lange eine Mission dauern sollte. Ist Shurik passiert. Weil er dachte, dass wir schneller zurück seien, saß er dann ohne Verpflegung da, schob Kohldampf, während Seev ihm was vorkaute. Ohne Potemkin wären wir manches Mal aufgeschmissen gewesen.

Ansonsten lebten wir ein bisschen wie Studenten. Hockten viel drinnen, gingen ab und zu Lebensmittel einkaufen, ernährten uns von Fertiggerichten oder einfachen Sachen, die schnell zuzubereiten waren – Sandwich, Kartoffelpüree, Nudeln, Bacon mit Ei. Jeder kochte für sich. Am häufigsten stand Itamar am Herd. Er hatte verschiedene Allergien oder Unverträglichkeiten, außerdem ist er Jude, aß kein Schweinefleisch, meistens jedenfalls. Einmal erwischte ich ihn, wie er morgens Bacon brutzelte. Jeder hat mal einen schwachen Moment.

Alkohol kam selten auf den Tisch. Soldaten dürfen im Krieg nicht trinken, da waren sie streng. Die von der Armee sagten: »Wenn einer von euch trinkt, gibt's Probleme.« Vor Supermärkten marschierte regelmäßig Polizei auf, um die Taschen von Soldaten zu kontrollieren, die rauskamen. Einmal sah ich, wie sie einen hochnahmen, der sich eine Flasche Jack Daniel's gönnen wollte. Die wurde sofort einkassiert. Trotzdem gab es natürlich den einen oder anderen Schluck, aber nicht bei Missionen oder wenn eine anstand.

Inzwischen war Hochsommer. August. Schwüle Hitze, die auf den Schädel drückte. 35 Grad, 40 Grad. Nachts kühlte es kaum ab. Und im Haus streikte ständig der Fahrstuhl. Ich sagte ja, zehnter Stock. Strom gab es die meiste Zeit, damit auch WLAN, sodass wir Netflix und YouTube streamen konnten, vom Handy auf den Fernseher. Dagegen war Wasser ein rares Gut. Aus der Leitung kam keines mehr oder nur höchst selten. Wir mussten zu einer Station gehen, wo man Brackwasser in Kanistern bekam, das leicht aufbereitet war.

Eines Tages wurden wir mitten in der Nacht alarmiert. Ein Schnelleinsatz, wir sollten uns sofort in der Basis einfinden. Es wurde ein russischer Angriff erwartet, wieder in der Gegend bei Ljubomyriwka. Die Humvees und Pick-ups standen schon bereit. Wir fuhren zu einem Horchposten, der etwa auf halbem Weg zwischen Mykolajiw und der Front lag. Ein kleines Gebäude mit Keller, in dem Funkgeräte aufgebaut waren. In Frontnähe wird vermieden, in größeren Gruppen oder Konvois zu fahren. Also starteten von dort immer zwei Fahrzeuge, die nächsten zwei warteten, folgten dann mit einigem Abstand. Die Fahrer hatten Nachtsichtgeräte, wir nicht. Unsere Gruppe war auf mehrere Humvees verteilt. Seev startete mit dem ersten Schwung. Shurik, Chiara und ich warteten.

Dann kam wieder ein Humvee, darin drei ukrainische Soldaten, ein Fahrer und zwei andere. Shurik und ich saßen auf, ich unten, Shurik im Turm. Seit er in Afghanistan erlebt hatte, wie ein Humvee auf eine Mine fuhr und nur der Soldat oben im Turm sich retten konnte, bestand er darauf – entweder Turm oder gar nicht.

Chiara wollte auch mit, es war aber kein Platz mehr. Sie hätte auf das nächste Fahrzeug warten können, löste aber sofort ein Drama aus. Madame wollte nicht warten. Sie zeterte und palaverte, als wäre das der richtige Ort dafür. Wir mussten los. Der andere Humvee war bereits vorgefahren. Also zwängte sie sich doch mit rein, in den Stauraum, auf die Munitionskisten.

Der Fahrer fuhr los, gab kräftig Gummi, um den Rückstand aufzuholen. Dann eine Kurve. Und ein Graben. Der Humvee schlingerte und krachte in den Graben, zwei, drei Meter tief. Es rumste, wir landeten auf der Seite, plötzlich war es still. Und stockdunkel. Licht ist nicht so angebracht im Frontgebiet. Chiara und der Ukrainer, der neben mir gesessen hatte, lagen auf mir, beide in voller Kampfmontur. Die Seitentür war jetzt der Boden. Ich konnte mich nicht rühren, nicht mal den Kopf drehen, nur mit den Zehen wackeln, das ging.

Die Luft wurde knapp. Ich dachte, wenn Shurik uns nicht rausholt, krepiere ich hier drinnen, krepieren wir alle. Beruhigend ist so ein Gedanke nicht. Ich merkte, wie Panik in mir aufstieg. Ich rief Shuriks Namen, wenn man das rufen nennen konnte, danach Chiaras. Stille. Niemand antwortete.

Dann doch. Es war Chiaras Stimme. Ich wünschte, sie hätte ihre Klappe gehalten. Madame schien verärgert, schimpfte auf den Fahrer, er würde ihr dafür eine Flasche Wein schulden und was sie noch rummeckerte, alles auf Englisch, sie hörte die ganze Zeit nicht auf. Vielleicht war es der Schock, vielleicht auch einfach nur ihr Wesen.

Dann klopfte jemand gegen die Dachluke – Shurik. Unsere Rettung. Irgendwie kriegte er das Ding da oben auf und zog einen nach dem anderen von uns heraus.

Uns war nicht viel passiert, aber einer der Ukrainer hatte eine üble Platzwunde am Kopf, die stark blutete. Er hatte sich inzwischen zum Rand des Grabens hochgeschleppt, saß dort und stöhnte, ihm ging es dreckig. Ich nahm Verbandszeug aus meinem First Aid Kit und versuchte, die Blutung zu stoppen, verpasste ihm einen behelfsmäßigen

Turban. Einer der anderen Ukrainer leuchtete mir mit einer Taschenlampe. Und was machte Chiara? Sie spielte die böse Hexe, brabbelte sich weiter ihr Leid von der Seele und schimpfte noch und noch mal über den Fahrer, dass er nicht fahren könne und was für ein schlechter Mensch er sei. Später wurde eine Gehirnerschütterung bei ihr diagnostiziert. Ob es daran lag? Ich fürchte, nicht.

Für den Ukrainer wurde es wirklich knapp. Bis er im Krankenhaus ankam, hatte er viel Blut verloren. Aber er kam durch. Von der Mission erlebten wir natürlich nichts mehr. Abbruch auf der ganzen Linie.

Der Kampf um Ljubomyriwka spitzte sich zu. Die ukrainischen Truppen eroberten einen Teil zurück, ohne dass die Russen gänzlich verschwinden wollten. Um jede Straße, jede Baumgruppe wurde gekämpft, als würde damit der Krieg entschieden. Dabei ist Ljubomyriwka ein kleines Dorf, vielleicht 500 Einwohner, eine Handvoll Straßen, ein Fluss. Eines Nachts wurden wir wieder losgeschickt. Unsere Gruppe, bis auf Itamar, dazu die Teams von Suleiman und Arawan. Die Anfahrt wie üblich mit Humvees und Pick-ups, bis zu einer Baumgruppe, etwa drei Kilometer vom Dorf entfernt. Das war fast immer gleich, auch an anderen Orten – bis zu einer Baumgruppe, dann absitzen und los.

Vor uns lagen Felder. Wir marschierten in Linie, also hintereinander. Laufschritt war angesagt, aber das kriegten nicht alle im gleichen Tempo hin. Die Stoppeln eines abgeernteten Weizenfelds, beleuchtet vom Vollmond. Auch die Krater im Boden. Und die smerch trees, unsere treuen Wegweiser. Keine Bäume weit und breit. So ein Gelände nennt man todesoffen, aber es war der einzige Weg, den wir nehmen konnten, wenn wir von den eigenen Truppen, den ukrainischen, gedeckt werden wollten.

Nach etwa einem Drittel der Strecke plötzlich ein Geräusch, das mir nur allzu bekannt vorkam. Ein Knall wie ein Schuss, kurz darauf das Pfeifen. Haubitzen. Unser alter Freund, Kaliber 122 mm. Spätestens da war es angebracht, sich auf den Boden zu werfen,

Gesicht in den Dreck, Hände übers Genick. Flashback Irpin. Bisher hatte ich Artillerie nur in Observationsposten oder hinter Häuserwänden erlebt. Auf dem Feld waren wir völlig ungeschützt, eben todesoffen.

Ich würde nicht sagen, dass ich leichten Herzens weiterlief, doch komischerweise machte ich mir auch keine großen Sorgen. Ich weiß nicht, warum, aber ich dachte, die Russen treffen uns sowieso nicht. Ein kompetenter Feind, der ja, aber nicht die Russen, so wie ich sie erlebte. Ob auch eine Portion Selbstschutz oder Selbstberuhigung dahintersteckte? Durchaus möglich. Die Granaten schlugen ungefähr fünfzig Meter hinter uns ein. Wir also wieder hoch. Aus der Schützenlinie wurde eine Schützenwolke, wie bei einem Etappenrennen. Der nächste Schuss, das nächste Pfeifen, die nächste Bodenlandung unsererseits.

Bis wir den Ort erreichten, wo Seev uns empfing und zu einem OP führte – einem leer stehenden Haus. Wir waren völlig erschöpft, der Schweiß tropfte nur so runter, dass sich unter jedem eine kleine Pfütze gebildet haben müsste. Cooper hatte sich ein paar Granatsplitter eingefangen, im Oberschenkel.

Und Biker machte in seinem Rucksack eine Entdeckung, die ihn ganz blass werden ließ. Er hatte zwei Handgranaten darin mitgeschleppt, deutsche Produktion, und die sahen jetzt aus wie aufgeplatzte Ananas. Beide waren von Splittern getroffen worden, aber Gott sei Dank nicht hochgegangen.

Der Plan war ursprünglich gewesen, vom OP aus die Lage zu sondieren und am nächsten Morgen oder in der nächsten Nacht eine russische Stellung anzugreifen. Nach der Begrüßung durch ihre Artillerie war nun aber das Überraschungsmoment dahin, anders gesagt: Wir waren »verbrannt«. Blieben aber erst mal im OP, außer Cooper, der wurde in ein Krankenhaus gebracht. Dafür musste er sich den Weg wieder zurückschleppen, begleitet von Seev, bis zu dem Punkt, wo wir abgesessen waren. Nicht ungefährlich, aber die einzige Möglichkeit für ihn, schnell behandelt zu werden. Die Verwundung stellte sich dann zwar als nicht dramatisch heraus, die Splitter wurden entfernt, das Bein flickten sie, aber das Ganze verbesserte seinen Allgemeinzustand auch nicht gerade.

Mag sein, dass ich mich wiederhole, aber das Wichtigste bei einem Observationsposten ist, dass der Feind nicht weiß, dass er existiert. Das verlangt mitunter eine Form von Disziplin, die manchen vermutlich grenzwertig erscheint. Man muss sich aber immer vor Augen führen, was die Alternative wäre. Wird man entdeckt, kann das auf der Stelle Beschuss und damit den Tod bedeuten. Klar, man kann sich sagen: Dieses eine Mal wird schon nichts passieren. Aber ganz ehrlich, ist es das wert? Im Krieg, an der Front?

So war die Ausgangslage in dieser Nacht in dem kleinen Häuschen, das uns als OP diente. Die Russen hatten die Siedlung nach wie vor im Visier. Auf alles, was sich bewegte, wurde Feuer gelenkt, wie wir gerade selbst erlebt hatten. Und nun kam die Frage auf, wohin mit dem, was Darm und Blase nicht mehr bei sich behalten wollten. Ein Bad gab es genauso wenig wie eine Toilette. Es gab nur eine Küche. Dort stand sogar ein Tisch, der als Donnerbalken bestens geeignet schien. Schließlich gab es den Befehl, den OP unter keinen Umständen zu verlassen. Mehr muss ich, glaube ich, nicht erklären.

Außer vielleicht, dass Madame bei der Mission dabei war und sich das natürlich gar nicht vorstellen konnte, zehn Minuten diskutierte, warum sie nicht vor die Tür gehen durfte. Sogar Seev war genervt, der sie sonst gegen alles und jeden in Schutz nahm und ihr noch den größten Schwachsinn durchgehen ließ. Und so durften wir am nächsten Morgen ein kleines Beziehungsdrama erleben. Erst er, dann sie, dann Tränen, dann Versöhnung. In solchen Situationen kam einem der Krieg vor wie ein ganz gewöhnlicher Montag.

Die nächste Mission führte uns nach Maksymivka. Ein ähnlich winziges Dorf, ungefähr zwanzig Kilometer weiter nordöstlich, in dem sich eine Einheit prorussischer Separatisten festgesetzt hatte. Das gewohnte Prozedere: zur Basis, aufsitzen, Abfahrt. Humvees und Pick-ups. Einige von Arawans Leuten, Suleiman, Potemkin, Shurik und ich – insgesamt 24 Mann. Dazu ein Trupp vom Stugna-Bataillon, eine Special-Forces-Einheit, die Seev zusammen mit dem Masada-Six-Kommandanten aufgestellt und ausgebildet haben soll. Die Jungs waren auch irgendwie beim Militär angedockt. Alles Ukrainer, soviel ich mitbekam. Sie rückten mit etwa 60 Mann an.

Wieder war es Nacht. Wir steuerten das Nachbardorf an, das von Ukrainern gehalten wurde. Drum herum Weideland und ein paar kleine Waldbürsten. Und andere kleine Dörfer und einzelne Gehöfte, an einigen waren wir vorbeigekommen. In dieser Gegend hatte der Schöpfer der Welt nicht seine kreativste Phase. Plattes Land, durchzogen von Flüssen und Gräben, mehr nicht.

Vor dem Dorf saßen wir ab. Es ging zu Fuß weiter. Die Stugna-Leute sollten zu uns stoßen, waren aber noch nicht da. Wir warteten am anderen Ende des Dorfs. Vor uns Felder. Inzwischen war es weit nach Mitternacht, fast schon Morgen. Plötzlich Artilleriefeuer, aber in der Ferne. Wir schritten auf den Wegen zwischen den Feldern voran. Dann kämpften wir uns durch einen Graben mit Schilf, in dem knöchelhoch Wasser stand. Vor dem Dorf, unserem Ziel, eine Waldbürste. Auf dem Weg dorthin Hundekadaver, manche angekokelt. Daneben Überreste von Sprengfallen, sodass man sich ausmalen konnte, was den armen Tieren widerfahren war.

Wir näherten uns durch die Waldbürste. Inzwischen waren die Stugna-Leute aufgetaucht. Das erste Haus war keine hundert Meter entfernt. Am Ausgang der Waldbürste entdeckte Suleiman eine Sprengfalle. Wie eine Granate am Stiel, die in den Boden gerammt wurde. Wir stoppten. Er machte sich daran, das Ding zu entschärfen. Ich mochte kaum hinschauen. Was, wenn er es vermasselte? Seine Hände sahen nicht gerade aus wie die eines Feinmechanikers. Aber er kriegte es hin.

Einmal tief ausatmen, und weiter ging die Reise.

Der Ort lag wie ausgestorben vor uns. Stille. Morgendämmerung. Ich spürte, wie mein Herz schlug. Es gab einen Hauptweg, der etwas breiter war, aber nicht befestigt. Ein besserer Feldweg. Dort reihten sich die meisten Häuser aneinander, kleine Bauernhäuser. Gleich vor dem ersten stand ein Schützenpanzer. Er sah intakt aus. Also sollte es irgendwo einen Fahrer dazu geben, die Besatzung. Im Panzer war niemand, im ersten Haus auch nicht. Wir betraten das zweite, nicht wie Besucher, sondern wie Soldaten. In der Küche trauten wir unseren Augen kaum. Zwei Russen schlummerten selig vor sich hin, als wäre das der friedlichste Ort. Wir weckten die Herrschaften, die es sich in Uniformhose und T-Shirt gemütlich gemacht hatten, indem wir jedem von ihnen eine Kalaschnikow vor die Nase hielten. Damit waren sie unsere Gefangenen. Kabelbinder um die Handgelenke und ab mit ihnen. Vorher quetschte sie einer von unseren Leuten, ein Ukrainer, noch aus. Informationsgewinnung.

Auf einmal brach draußen die Hölle los. Irgendjemand schrie etwas auf Russisch. Es klang wie eine Frage. Dann noch mal die gleiche Stimme und die gleiche Frage, falls es eine war. Als würde er tatsächlich eine Antwort erwarten. Einer unserer Gefangenen hatte gesagt, dass sie an die 120 Mann wären. Die schienen alle mit einem Schlag wach geworden zu sein. Die Stugna-Leute griffen von der anderen Seite des Dorfs an, feuerten auf die Russen. Die feuerten zurück. Irgendwann dazwischen musste eine Information auf der Strecke geblieben sein. Der Ukrainer, der unsere Truppe führte, hatte Befehl zum Rückzug gegeben – zu viele Russen. Das war aber weder bei den Stugna-Leuten noch bei uns angekommen.

Suleiman hatte einen Gefangenen, ich den anderen. Die beiden waren barfuß. Wir trieben sie vor uns her, den Lauf der Kalaschnikow in ihre Rücken gedrückt, den Weg zurück, den wir gekommen waren. Das Feuergefecht im Nacken, das anschwoll, immer lauter wurde. Auch in unsere Richtung pfiffen Geschosse – und nicht wenige. Ich drehte mich ein paarmal um und erwiderte das Feuer. Den meisten Krach veranstalteten die Maschinengewehre. Jeder Schuss wie ein Peitschenknall, nur tausendmal lauter. Ich zucke heute noch zusammen, wenn ich so ein Geräusch höre. Das kann auch ein kleiner

Kieselstein sein, der beim Fahren gegen die Autoscheibe fliegt. Ist leiser, aber der gleiche Ton.

Wir erreichten den Graben mit dem Schilf, sodass wir etwas Schutz hatten. Suleiman und ein Schwung anderer Soldaten blieben zurück, gingen in Stellung und boten den Russen Paroli.

Wir liefen weiter. Potemkin war jetzt an meiner Seite. Die Gefangenen vor uns. Auf einmal hörte ich ein Zischen, und fast gleichzeitig spürte ich einen dumpfen Schmerz an meinem linken Knöchel. Als hätte ich mich an einem Bettpfosten gestoßen. Es war auszuhalten, aber ohne dass ich es beeinflussen konnte, lief ich langsamer. Potemkin musste das bemerkt haben.

»Bist du okay?«, fragte er.

»Ich glaube, sie haben mich erwischt.«

Ich wollte stehen bleiben, mich auf den Boden werfen, um nachzusehen, was mit dem Knöchel war. Aber wir wurden immer noch beschossen, liefen also weiter, was bei mir eher ein Humpeln war. Die Ukrainer, die dicht bei uns waren, übernahmen die Gefangenen. Plötzlich ein neues Geräusch. Als hätten die Russen nun auch ihre Artillerie in Gang gesetzt. Aber es war ein Panzer. Wenn die ihre Granaten abfeuerten, klang das ähnlich. Nur dass man viel weniger Zeit hatte, sich auf den Boden zu werfen. Du hörst dieses Zischen, und dann hast du vielleicht eine halbe Sekunde. Nun schoss auch ein zweiter Panzer. Die Geschosse vom ersten flogen über uns hinweg. Der zweite schien jemanden hinter uns ins Visier zu nehmen.

Der Weg, auf dem wir jetzt liefen, lag etwas höher. Ein langer aufgeschütteter Wall zwischen den Feldern – fast wie ein Laufsteg, gut einsehbar, auch aus einiger Entfernung, zum Beispiel aus dem Dorf, das nun beinahe seitlich von uns lag. Nicht dass wir uns diese Strecke ausgesucht hätten, wir folgten den ukrainischen Soldaten. Und bis eben war es mir auch gar nicht aufgefallen, dass wir auf dieser Höhe gut zu sehen waren. Jetzt hatte ich das Gesicht meines Ausbilders im Panzergrenadierbataillon vor Augen, der uns auf den Afghanistaneinsatz vorbereitete. Wie oft hatte er uns eingeschärft, es genau so nicht zu machen. Sondern: runter vom Wall! Immer auf der feindabgewandten Seite laufen. Dabei fällt mir ein, sollte ich irgendwo geschrieben haben, dass wir uns zurückzogen oder den Rückzug antraten, bei dieser Mission oder bei einer anderen, dann muss ich das an dieser Stelle korrigieren. Es heißt: ausweichen. »Zurückziehen«, so wird es einem beim Bund eingetrichtert, »können Sie nach Dienst Ihre …« – okay, den Rest spare ich mir. Rückzug klingt nach Niederlage und nach Aufgeben, und das kommt natürlich nicht infrage. Ein Soldat gibt nicht auf, er weicht aus.

So wie wir das an diesem Morgen machten. Und nun auch auf der anderen Seite des Walls, damit uns die russischen Panzer nicht mehr sahen. Die Panzer machten mir Sorgen. Wir hatten nur leichte Panzerabwehrwaffen mit geringer Reichweite. Und wie es schien, wollten sie nicht aufhören, uns ihre stählernen Botschaften zu schicken. Einmal schlug direkt hinter uns ein Geschoss ein, da ging mir die Pumpe. Ich sah noch, wie sich zwei Meter vor mir ein Splitter ins Erdreich bohrte. Wären die Panzer uns gefolgt, ich weiß nicht, ob ich dann hier sitzen würde.

Irgendwann war der Abstand so groß, dass ich mich doch hinsetzte, um nach meinem Knöchel zu sehen. Wunden in Schuhen – in dem Fall Stiefeln – sind immer tricky. Selbst wenn ein Geschoss das Leder durchbohrt, ist von außen nicht unbedingt Blut zu sehen. Beim Bund brachten sie uns bei, erst mal ein oder zwei Finger in den Schuh zu stecken, um zu fühlen, ob Blut drin ist und wie viel. Den Pegelstand messen sozusagen. Bei einer ernsten Verletzung steht der Fuß in Blut. So war es jetzt nicht. Ich konnte Blut fühlen, doch es schien nicht in Strömen zu fließen, eher zu tröpfeln. Ich fühlte mich benommen, mir war übel. Da es aber keine gute Idee gewesen wäre, dort zu warten, ob die russischen Panzer vielleicht doch noch kämen, humpelte ich weiter. Potemkin nahm mir den Raketenwerfer, den ich mitschleppte, und meinen Rucksack ab. Und ich gab ihm sicherheitshalber meinen Tourniquet, falls ich doch ohnmächtig würde.

Der Weg zog sich. Am Ende waren es zwölf Kilometer, die wir ausweichen mussten. Irgendwann erreichten wir eine Siedlung mit unseren Truppen. Jemand verständigte die Humvee-Fahrer. Ich konnte endlich meinen Stiefel ausziehen. Es waren noch die Winterstiefel, die ich im Frühjahr in Jaworiw bekommen hatte. Die Wunde fühlte sich nicht lächerlich an, aber sie sah lächerlich aus. Das Stiefelleder hatte das Geschoss offenbar gut abgebremst. Oder der Winkel war einfach günstig. Es war ins Fleisch eingedrungen, hatte den Knochen jedoch nur gestreift.

Mit einem Humvee-Pick-up ging's zurück, die beiden Gefangenen zwischen uns. Wir verbanden ihnen die Augen, damit sie nicht sahen, wo unsere Basis war. Alle waren erschöpft, aber gut drauf – also unsere Leute. Wir hatten Beute gemacht und einen ziemlich krassen Feuerkampf überstanden. Das Adrenalin pumpte noch durch den Körper. Einige fingen an, mit den Russen zu reden. Potemkin übersetzte für mich. Sie wollten wissen, warum sie hergekommen waren und diesen Krieg führten. Der Ältere, Ende vierzig vielleicht, meinte, er brauche das Geld. Der Jüngere, der etwa in meinem Alter war, erzählte, Polizisten hätten ihn in seinem Dorf einfach eingesackt und von heute auf morgen in den Krieg geschickt.

In der Basis dann der Schock. Arawan war schon dort, auch ein Kommandeur von Stugna. Betretene Mienen, als wir kamen. Die Ukrainer verwendeten Codes untereinander. »300« bedeutete verwundet, »200« stand für vermisst oder tot. Zwei oder drei von den Stugna-Leuten und einen aus Suleimans Team hatte es erwischt. Irgendwann sagte Arawan: »One foreigner, two hundred.« Potemkin meinte, das müsse Shurik sein. Als in Maksymivka das Chaos ausgebrochen war, hatten wir ihn aus den Augen verloren. Alle anderen aus unserer Truppe waren zurückgekehrt.

Die Nacht war grausam. Aber ich war nicht bereit, es zu akzeptieren. Niemand hatte seine Leiche gesehen. Also bestand Hoffnung. Die fünf Stufen der Trauer. Ganz am Anfang steht immer das Leugnen. Nicht, weil man sich selbst belügen will, sondern weil es irgend-

Kaiser – ein Stillleben.

wie hilft. Es ist auch keine bewusste Entscheidung. Man kann es nicht wirklich steuern, es läuft einfach so.

Am Morgen meldete sich Itamar. Er hatte grundsätzlich immer einen dummen Scherz auf Lager. Es schien ihm unbändige Freude zu bereiten, andere Leute zu verarschen. Und am größten war diese Freude vom frühen Morgen bis Mittag, als wäre die erste Hälfte des Tages für ihn ein Kasperletheater. Oder eine Comicshow mit ihm als Hauptdarsteller. Vor zwölf Uhr brauchte man eigentlich keines seiner Worte ernst zu nehmen. Und es war noch nicht zwölf, als er anrief.

»Hey, Kaiser, rate mal, wer gerade zur Tür reinkommt?«

Er schien wieder irgendeine schräge Pointe einzuleiten. Ich dachte, was kommt jetzt, antwortete aber brav mit dem ersten Namen, der mir einfiel: »Seev?«

Es vergingen ungefähr fünf Sekunden, dann hörte ich eine Stimme und wollte gerade richtig sauer werden. Es klang nämlich nach Shuriks Stimme, und das wäre ein verdammt schlechter Scherz gewesen.

Aber dann merkte ich, dass es tatsächlich Shuriks Stimme war. Und ein typischer Spruch von ihm: »What's up, fuckers?«

Der Panzer, der ihn in Maksymivka getötet haben sollte, hatte einen von Suleimans Jungs getroffen, nicht ihn. Danach hatte Shurik, der ganz in der Nähe stand, den Panzer mit einem Raketenwerfer außer Gefecht gesetzt und war mit ein paar Stugna-Kämpfern über eine andere Route ausgewichen und erst am Morgen in die Basis zurückgekommen.

Ich kann kaum beschreiben, wie froh ich war. Aber es machte mich auch nachdenklich. Nicht sofort, erst mal musste das Chaos an Gefühlen in meinem Kopf abebben. Die anderen Gedanken kamen dann von ganz allein. Ich hatte den Getöteten aus Suleimans Team gekannt. Wir waren nicht befreundet gewesen, aber er war ein guter Kamerad. Shurik hätte nur einen Schritt weiter links stehen müssen, wie er erzählte, dann wäre es für ihn anders ausgegangen. Oder es hätte mich auf dem Feld erwischen können. Aber was sich am stärksten einprägte, waren die Schüsse, als immer mehr an mir vorbeiprasselten, diese Geräusche, das Knallen und Pfeifen. Ein paar Tage nach der Mission saß ich im Auto, auf einmal flog irgendein Insekt gegen die Scheibe, nicht mal ein großes. Sofort war alles wieder da. Ich hörte die Schüsse und fühlte, was ich auf dem Feld gefühlt hatte und auf dem Wall. Diese Ohnmacht, nichts tun zu können, außer weiterzulaufen und zu hoffen, dass einen das nächste Geschoss nicht ins Genick traf. Wie in Endlosschleife lief das wieder und wieder ab, während ich vor mich hin starrte, ins Nichts, und wahrscheinlich wie ein Geist aussah. Erst als ich mich zwang, irgendwelche Menschen anzugucken, die draußen vorbeiliefen, in Gesichter, die mich in die Wirklichkeit zurückholten, hörte das auf. Aber abends im Bett fing es wieder an, wenn ich die Augen schloss und nicht sofort einschlafen konnte. Und das klappte fast nie. Nicht in den ersten Tagen und auch nicht in den Wochen danach. Jedes Mal war alles wieder da, und alles wiederholte sich.

Nach einigen Tagen telefonierte ich mit dem Arbeitskollegen meiner Schwester, der mich auf der Fahrt in die Ukraine angerufen hatte. Ich musste mit irgendwem reden, der so was auch erlebt hatte. Zwar telefonierte ich alle paar Tage mit meinen Eltern und auch mit meiner Schwester, aber bei diesen Gesprächen erzählte ich kaum vom Krieg, schon gar nicht von gefährlichen Situationen, getöteten Kameraden oder eigenen Verwundungen. Diese Telefonate liefen eher so ab, dass ich fragte, wie es zu Hause lief, in der Praxis meiner Mutter, auf Arbeit bei meiner Schwester oder wie mein Vater als Pensionist klarkam. Vor allem meine Mutter wollte keine Details wissen, das hätte es für sie nur noch schwerer gemacht, den Gedanken zu ertragen, dass ihr Sohn im Krieg war.

Deshalb also wandte ich mich an den Arbeitskollegen meiner Schwester. Wenn jemand verstehen konnte, was in mir vor sich ging, dann am ehesten er.

Die Leichen in Irpin, der erste Artilleriebeschuss, damit hatte es angefangen. Und alles, was danach geschehen war, ließ mich ebenfalls nicht los. Jedes Erlebnis war schlimmer als das vorherige. Und jedes Mal dauerte es länger, bis die Eindrücke zwar nicht verschwanden, aber verblassten. Oder überdeckt wurden von neuen Eindrücken. Auch der Unfall mit dem Humvee, das Gefühl, lebend begraben zu sein, ist in mir geblieben. Die ganze Zeit hatte ich Angst gehabt, etwas zu erleben, das nicht verblasste, mich nicht mehr losließ. Und jetzt dachte ich, dass die Geschichte in Maksymivka so etwas sein könnte.

Wir redeten eine ganze Weile. Der Kollege meiner Schwester hörte mir zu und versuchte wohl auch, mir Mut zu machen. Irgendwann sagte er: »Glaubst du nicht, es ist die beste Zeit, um aufzuhören?« Ich hatte selbst schon mit dem Gedanken gespielt. Doch war ich wirklich schon bereit, dieses Kapitel zu schließen?

So ärgerlich die Verwundung meines Knöchels sein mochte, sie verschaffte mir Zeit, das Erlebte sacken zu lassen und etwas Abstand zu gewinnen. Bevor ich den Fuß wieder richtig belasten und mit Rucksack und Waffe losmarschieren konnte, verging der September. In der Zwischenzeit absolvierten die anderen weiter Missionen. Manche liefen gut, andere weniger. Es gab Verletzte, es gab Tote, aber die nicht in unseren Reihen. Seev erlitt bei einer Panzermission ein Knalltrauma, kam ins Krankenhaus und war wie vom Erdboden verschluckt. Kein Anruf, keine WhatsApp-Nachricht, und wenn man ihm schrieb, antwortete er nicht. Nur durch Potemkin erfuhren wir, dass er in Dnipro behandelt wurde und sich in der Klinik dort auch noch Corona eingefangen hatte. Mit Chiara war inzwischen Schluss. Später kamen die beiden wieder zusammen, trennten sich, und erst vor wenigen Tagen hörte ich, dass sie mittlerweile verheiratet seien.

Dann wurde die große Cherson-Offensive angekündigt, aus der schließlich die Charkiw-Offensive wurde. Das änderte auch den Charakter unserer Missionen. Statt Infanterie- waren es nun Fahrzeugmissionen. Die Einsätze mit den Humvees. Full Speed auf die russischen Linien zu oder daran vorbeidüsen und sie dabei ordentlich mit Feuer überziehen. Und gleich wieder weg. Dafür wurde Shurik von Arawan als Richtschütze eingebunden, Itamar unter Luke als sein Assistent. Dadurch, dass Seev abgetaucht war, lief nun alles im direkten Kontakt mit Arawan, was den Informationsverlust verringerte und die Beschaffung zusätzlicher Waffen oder Munition nicht nur erheblich erleichterte, sondern auch beschleunigte.

Anfang Oktober stieß ich wieder dazu. Irgendwie ließ es mich nicht los. Es hatte sich nicht gut angefühlt zuzusehen, wie die anderen zu Missionen aufbrachen, aber selbst nicht dabei zu sein. Und dann saß ich wieder im Schützengraben, irgendwo südlich von Ternovi Pody. Der Plan war, kurz gesagt, eine von russischen Kräften besetzte Stellung an einer Baumgruppe anzugreifen und einzunehmen. Wir fuhren also raus, saßen in einiger Entfernung zu unserem Ziel ab, verdeckt hinter Sträuchern. Einen Erdwall gab es dort auch, zwei Meter hoch oder etwas höher, er sollte uns bei der Annäherung an den Feind Schutz bieten.

Es dauerte keine Minute, schon war das Sirren einer Drohne zu hören, als hätte sie auf uns gelauert. Um ihr nicht die Chance zu lassen, uns eine Granate zu servieren, eröffneten wir das Feuer. Falls wir einen Scharfschützen dabeihatten, versagte der. Und wir alle mit. Uns kam ein Flugobjekt von oben entgegen, aber das war nicht die Drohne, sondern eine Granate, die sie abgeworfen hatte. Sie traf niemanden, keiner wurde verletzt. Das Biest flog aber immer noch über uns. Wir starteten einen zweiten Versuch, als Reaktion schickte sie die zweite Granate. Das war schon deshalb eine kleine Überraschung, weil die meisten in der Größe nur eine an Bord hatten. Die hatte zwei. Es gibt auch welche, die acht durch die Luft transportieren können – und nicht nur transportieren.

Aber die Drohne war nur das Begrüßungskommando. Jetzt ging es richtig los, Haubitzen und Mörser, dass wir uns beeilten, in die Schützenlöcher der ukrainischen Stellungen zu verschwinden, die sich dort befanden. Die schienen dem Feind aber auch bekannt zu sein. Die Artillerie lenkte ihr Feuer so, dass die Geschosse nur ein paar Meter entfernt auf den Boden schlugen – näher als in Irpin. Ich schwor mir: »Wenn ich hier rauskomme, mache ich nie wieder diese Infanteriescheiße. Nie wieder!«

Ich hockte mit drei anderen in einem Loch, einer unter mir, zwei halb auf mir drauf. Es war kühl, die Sonne schien.

Nach etwa einer Stunde flaute der Beschuss ab. Die Verwundeten wurden evakuiert. Einige hatten Knalltraumen erlitten. Die anderen sollten sich darauf vorbereiten, die russischen Stellungen in der Ortschaft zu stürmen, die ganz in der Nähe lag. »We make storm«, hieß es für uns Ausländer. Aber so richtig wusste keiner, wie das aussehen und wer sich daran beteiligen sollte. Ich hielt das Vorhaben für ziemlich gewagt, um es vorsichtig auszudrücken. Die Russen wussten, wo wir waren. Und wir wussten, dass in der Siedlung ein Panzer stand, mindestens einer.

Der machte sich auch bald bemerkbar. Ich war gerade mit einem der Jungs aus dem Schützenloch zu unserem Kommandeur unterwegs, als er loslegte, und zwar unmissverständlich in unsere Richtung. Wir liefen beide geduckt. Am Fuße eines Walls hatte ich vorher eine Claymore entdeckt, eine Antipersonenmine, durch das olivfarbene Kunststoffgehäuse gut getarnt. Sie lag im Gras, sodass man sie leicht übersehen konnte, umso mehr, wenn man von Panzerbeschuss abgelenkt war. Aber genau durch den mussten wir einen anderen Kurs einschlagen, zurück, noch mal an der Mine vorbei. Der Panzer schickte den nächsten Gruß, der verdammt nah einschlug. Mein Begleiter sprintete an mir vorbei, direkt auf die Mine zu. Ich kriegte gerade noch seinen Kragen zu fassen. »Stop!«, schrie ich. »Mine!« Er erstarrte, dann guckte er mich erschrocken an. Vielleicht täuschte ich mich, aber ich fand, er sah plötzlich aus, als hätte ihm jemand mit einem Kreideschwamm das Gesicht gepudert.

Wir wollten zurück zu unserem Loch. Da war kein Platz mehr. Wir suchten, bis wir ein freies fanden. Inzwischen war die Sonne verschwunden, Abenddämmerung.

Gerade als das letzte Licht verschwand, noch mal ein Feuerwerk. Die Russen schickten Submunition – Raketen, die sich in der Luft öffneten und zig kleinere Ladungen freigaben. Man hörte den Schuss, dann das Sirren, dann die Explosion und dann noch mal hundert kleine Explosionen. Aber die hörte man nicht alle einzeln, es war mehr wie ein Donnergrollen. Ich saß inzwischen in einer anderen Stellung, mit zwei amerikanischen Freiwilligen. Später kam noch eine Finne hinzu. Wir fachsimpelten und beschlossen, die Stellung auszubauen. Irgendwann, es muss nach Mitternacht gewesen sein, fing es an zu regnen. Nicht lange, und wir hockten mit dem Arsch im Wasser. Es war kalt und nass, ich fror und wollte einfach nur nach Hause.

SO NAH AM LEBEN, SO NAH AM TOD

MYKOLAJIW/TERNOVI PODY/ODESSA

Es ist schwer zu erklären. Man verflucht es in solchen Momenten, und wie man es verflucht, aber nach drei Tagen zieht man doch wieder los. Oder nach fünf. Ab da waren es dann wirklich Fahrzeugmissionen, auch für mich, den ganzen Oktober hindurch, in den November hinein. Kurze Aktionen ohne Absitzen. Ran an den Feind, das Maschinengewehr leer feuern, einen doppelten Patronengurt, meist ohne Nachladen, hinterher noch einen Raketenwerfer, dann weg. Bei der ersten sprang ich für Shurik als Richtschütze ein, der sich ein paar Tage freigenommen hatte und in Kiew war. Ich glaube, es war für mich auch das erste Mal, dass es in Richtung Ternovi Pody ging. Sicher bin ich mir aber nicht. Die Russen hatten sich dort breitgemacht, und das sollten wir ändern. Zumindest einen Teil dazu beitragen. Das Gesamtbild bekam man in der Funktion, die wir hatten, nicht mit. Man erfuhr höchstens, dass bei größeren Operationen verschiedene Einheiten mitkämpften, aber wie das genau strukturiert war, wo welche Kräfte aufmarschierten, das nicht. Man erlebte also immer nur einen Ausschnitt, der mal größer war, mal kleiner.

Am Anfang lief alles nach Plan. Unterstützt von zwei T-72-Panzern, näherten wir uns mit drei Humvees der Siedlung. Genauer gesagt, einer Stellung, die unmittelbar davor lag, an einer größeren Baumgruppe. Ich, wie gesagt, als Richtschütze in einem der Humvees, oben im Turm, die Browning im Anschlag, Kaliber 12,7. Nachdem wir in Sichtweite waren, rasten wir auf das Ziel zu und fingen an zu feuern. Mit MG-Salven kann man Bäume fällen, und wir fällten Bäume. Doch auf einmal streikte die Browning. Ich hatte sie die Tage zuvor auf Vordermann gebracht, gereinigt und geölt, aber noch nicht damit geschossen, was nie gut ist, aber nicht anders ging. Ich kriegte nur noch eine kurze Salve raus, musste den Verschlusshebel greifen und die Waffe neu spannen. Dann wieder eine kurze Salve und wieder eine Störung, das gleiche Problem. Die Jungs unter mir schrien, ich soll mehr Feuer an den Mann bringen, mehr Blei in die Heide, wie wir auf Deutsch sagen. Sie dachten, ich als Schütze versage, dabei versagte die verdammte Browning.

Dann waren wir nah an den Büschen dran. Die Humvees stoppten, ein paar unserer Kameraden, darunter Itamar, sprangen heraus und liefen, die Kalaschnikows im Anschlag, in die Baumgruppe hinein, begleitet von unserem Feuer, um die Russen abzulenken und ihnen keine Luft zum Atmen zu geben. Viel mehr sah ich dann auch nicht. Unser Fahrer gab sofort wieder Gas und drehte ab, während wir vom anderen Ende der Baumgruppe und aus der Siedlung beschossen wurden. Nun gab die Browning ganz den Geist auf, der Spannschieber ließ sich nicht mehr betätigen, er war wie festgeschweißt. Als Ersatz reichte mir der Assistent unter Luke einen kleinen Raketenwerfer, den ich in voller Fahrt abfeuerte. Dann griff ich mir die Kalaschnikow, legte sie an der Panzerplatte auf und schickte kurze Feuerstöße in die russischen Positionen. Ruck, zuck war ein Magazin leer. Ich schob das zweite rein. Inzwischen hatte auch Artillerie eingesetzt, um uns herum schlugen Granaten ein. Der Humvee umkurvte, was es zu umkurven gab, und steuerte dann den Erdwall an, wo einer unserer Panzer thronte. Wir verschwanden hinter dem Erdwall, was sich gleich um einiges sicherer anfühlte. Nun schnappte ich mir wieder die Browning, um herauszufinden, was sie blockierte. Ich öffnete das Oberteil, wo der Gurt eingelegt wurde, und sah, dass eine Patrone halb im Rohr steckte. Der Verschluss war nicht arretiert, der Spannschieber ließ sich immer noch nicht bewegen. Ich hatte die Browning vor dem Einsatz, wie gesagt, gut geölt. Vermutlich war auf der Fahrt zu viel Staub in die Waffe gelangt. Die Mischung aus Öl und Staub konnte fast zementartig hart werden und den Verschluss so blockieren, dass er die Patrone nicht mehr mit der nötigen Power aus dem Patronenlager herausziehen konnte. Zumindest war das für mich die wahrscheinlichste Erklärung, zumal wir die ganze Zeit hinter dem anderen Humvee durch eine einzige Staubwolke gedüst waren.

Irgendwann kamen wir zurück zur Ausgangsposition, wo wir gestartet waren. Die Artillerie hatte sich noch nicht beruhigt, aber dort unter den Bäumen schienen wir erst mal sicher zu sein.

Wenn ich vorhin sagte, dass man das große Ganze im Einsatz so gut wie nie mitbekommt, dann war das an dem Tag auch so. Unser Fahrzeugkommandant kriegte seine Befehle durchgegeben, er dirigierte den Fahrer, und ich saß im Turm und schoss, wenn ich schießen sollte. Jetzt schoss ich nicht mehr, und ich wusste auch nicht, was als Nächstes kommen würde. Noch mal versuchte ich, die Browning in Gang zu setzen, aber vergebens. Erst Stunden später gelang mir das, als wir an einem ruhigeren Fleck waren.

Der gesamte Tag war geprägt von Unwissenheit, und das konnte verdammt anstrengend sein, zusätzlich anstrengend zu allem anderen. Kaum einer sprach Englisch. Und von den Ukrainern hörte ich immer nur: »Poschli! Poschli!«

Später, immer noch an der Frontlinie, erhielten wir den Auftrag, Verwundete aufzunehmen und von A nach B zu transportierten, weg von der Artillerie, die sich keine Pause gönnte, dorthin, wo Krankentransporter sie übernehmen konnten, zum Sammelpunkt. Und danach waren es russische Gefangene, denen wir unseren Fahrservice zukommen ließen. Später hieß es, unsere Kämpfer hätten zwölf oder fünfzehn von ihnen geschnappt, als sie in die Schützengräben einfielen, und mehr als doppelt so viele ins Himmelreich geschickt. Von den Gefangenen, die ich zu sehen bekam, sahen die wenigsten aus wie echte Soldaten. Obwohl es Einheiten des russischen Militärnachrichtendienstes GRU gewesen sein sollen. Das sind normalerweise Spezialkräfte.

Bei einer Tour luden wir acht oder neun Gefangene in den Humvee. Um die alle drauf- oder reinzukriegen, öffneten wir die Ladefläche und fuhren mit offenem Kofferraum. Die Jungs mussten sich ordentlich festhalten und die Köpfe einziehen, immer noch flogen Raketen über uns hinweg. Manche so tief, dass man den Körper des Projektils sehen konnte.

Am Sammelpunkt wurden die Gefangenen abgeladen. Freundlich war der Empfang nicht. Tritte und Schläge, einige der ukrainischen Soldaten hielten sich nicht zurück. Nicht viele, Einzelne, aber bei denen schien sich eine Menge Wut oder Frust – oder was es war – zu entladen. Bevor die Gefangenen weitertransportiert wurden, bekamen sie die Augen verbunden, und wenn sie noch nicht gefesselt waren, wurde auch das gemacht. Dann standen sie da, halb eingekreist von Ukrainern, die ihre Waffen nicht verbargen, im Gegenteil.

Wie es dazu kam, kriegte ich nicht mit, aber nach einer Weile wurden drei der Gefangenen aus der Gruppe herausbeordert und weggeführt, ein Stück den Weg weiter, bis zu einer Waldkante. Und in den Wald hinein, bis keiner der Männer mehr zu sehen war, auch die Ukrainer nicht. Und dann hörte ich Schüsse, drei. Alle, die dort waren, müssen diese Schüsse gehört haben. Und alle sahen hin, als die Ukrainer kurz darauf aus dem Wald kamen – ohne die Gefangenen. Ich dachte: Heilige Scheiße, das haben die gerade nicht wirklich gemacht! Aber keiner sagte ein Wort. Und es schien auch niemand erstaunt zu sein. Für einen kurzen Augenblick, einen sehr kurzen, hielten alle inne, als würde im Kino der Film für drei oder vier Sekunden angehalten werden, doch dann schienen alle wieder zur Tagesordnung überzugehen.

Ich kenne die Geschichten dieser Soldaten nicht, ob sie jemanden im Krieg verloren hatten, aber zu den Kameraden in unserem Team sagte ich immer: »Bloß weil die Russen so was machen, müssen wir das nicht auch tun.« Ich wollte auch nicht, dass sie mit den Gefangenen für Fotos posierten oder Videos von ihnen aufnahmen, in denen sie gezwungen wurden, Putin oder ihre Landsleute zu verfluchen oder der Ukraine den Sieg zu wünschen. Aber hier und jetzt war ich nicht in der Position, den ukrainischen Soldaten so was zu sagen. Angeblich wurde der Vorfall später untersucht. Ob das für jemanden Konsequenzen hatte, habe ich nicht erfahren.

Und dann kam die Mission am 8. November bei Ternovi Pody. Es war ein Dienstag.

Die Drohne, die plötzlich über uns auftauchte, nachdem wir uns schon in Sicherheit wähnten.

Und Shurik, der schrie.

Und die Granate, die neben mir einschlug.

Die Druckwelle.

Und ... wie alles schwarz wurde.

Ich landete unten im Graben, auf dem Rücken. Meine Ohren klingelten, aber ich fühlte keinen Schmerz. Ich guckte, ob meine Hände da waren, meine Beine, ob irgendwo Blut zu sehen war. Ich spürte, wie etwas Warmes über mein Gesicht lief. Auch am Kopf spürte ich feuchte Wärme, auf der linken Seite, über dem Ohr.

Dann sah ich Shurik auf mich zukommen.

Ich sagte: »Tourniquet.«

Vielleicht zeigte ich dabei auf mein Bein, auf das linke. Ich spürte immer noch keinen Schmerz, aber dort hatte ich Blut gesehen.

Shurik öffnete meine Schutzweste und holte das Tourniquet heraus, legte es um den Oberschenkel, zog es enger ... und auf einmal spürte ich Schmerz, den räudigsten aller Schmerzen, einen schlimmeren hatte ich nie gespürt. Erst ein Schrei, dann blieb mir fast die Luft weg.

Als ich wieder einen Ton herausbekam, fragte ich Shurik, ob er was mit meinem Kopf machen könne. Die Feuchtigkeit, die Wärme ... da musste etwas sein. Während mir Shurik den Helm abnahm und den Schädel verband, fing ich an, von *Call of Duty: Modern Warefare* zu erzählen, ohne dass es vermutlich einen Sinn ergab. Ich redete nur vor mich hin. Aber nicht, weil ich aufgeregt oder sogar panisch war. Falls mir mein Gedächtnis keinen Streich spielt, war ich eher ruhig und erstaunlich rational. Als wäre ich vollends damit beschäftigt gewesen, mir jeden einzelnen Punkt des Erste-Hilfe-Kurses, den ich mal gemacht hatte, in Erinnerung zu rufen. Das Thema Blut in den Schuhen kam dabei auch noch mal zur Sprache. Ich sagte Shurik, welche meiner Körperteile er inspizieren sollte, und er machte es.

Zwischendurch blitzte der Gedanke auf, wie schwer es mich wohl erwischt hatte und ob ich das überleben würde. Doch größer war die Sorge, wie wir dort wegkommen würden. Durch die Drohne kannten die Russen unseren Standort. Entsprechend lenkte die Artillerie ihr Feuer. Ein Fahrzeug war inzwischen angefordert. Da es aber nicht wie ein Taxi bis zum Graben vorfahren konnte, mussten wir ein Stück laufen. Einer rechts, einer links. Die Russen schossen weiter. Alle paar Schritte warfen wir uns auf den Boden, das Tourniquet – ich war nur am Jaulen. Und konnte auch nur mit dem rechten Auge sehen, das linke bekam ich nicht auf.

Es mögen vielleicht 150 Meter gewesen sein, aber die waren so anstrengend wie ein Marathon.

Erstaunlich schnell tauchte ein Pick-up auf und vollführte vor unseren Augen eine schwungvolle Wende. Dabei muss der Fahrer den Graben übersehen haben, oder er hatte das Fahrzeug nicht unter Kontrolle. Der Pick-up landete im Graben und kippte um. Augenblicklich war mein Optimismus, das letzte bisschen, dahin. Erst der Humvee, dann die Drohne, jetzt dieser verfluchte Pick-up ... die Sterne schienen nicht gut zu stehen, ich würde hier sterben.

Aber Shurik und die anderen bugsierten die Kiste irgendwie aus dem Graben. Und dann lag ich auf der Ladefläche. Wir rumpelten durchs Gelände. Die Kameraden redeten ununterbrochen auf mich ein, damit ich bei Bewusstsein blieb. Irgendwann stoppte der Humvee. Shurik beugte sich über mich und sagte: »Kaiser, alles wird gut, der Krankenwagen ist da.«

Der Feldkrankenwagen fuhr zu einer stillgelegten Autobahnraststätte. Dort wurde ich in einen zivilen Krankenwagen geschoben, der mich nach Mykolajiw in ein Krankenhaus brachte. Röntgen und MRT und andere Untersuchungen folgten. Mein Kopf wurde mit einem neuen Verband verziert. Auch das linke Auge wurde eingepackt, sodass ich aussah wie ein Pirat aus alten Seeräuberfilmen, der beim Segelsetzen vom Mast gestürzt war.

Die Granate musste unmittelbar neben meinen Füßen explodiert sein, während ich seitlich auf dem Bauch lag. Das ist keine Erinnerung, ich sehe mich also nicht in dieser Position liegen. Aber anders kann es kaum gewesen sein, wenn man sich anguckte, wo überall sich Granatsplitter in meine Haut bohrten: an beiden Füßen, beiden Beinen, jeweils Ober- und Unterschenkel, an der Hüfte, im Brustbereich, an beiden Unterarmen, an der linken Hand. Und das waren nur die harmloseren Treffer. Ein Splitter drang ins linke Auge ein, nicht durch die Linse, aber durch die Hornhaut und den Glaskörper, bis er direkt neben dem Sehnerv einen Platz fand, der ihm gefiel. Da ist er immer noch, eine Operation könnte mehr Schaden anrichten als dieses kleine Stahlwürmchen. Gleich eine ganze Großfamilie davon hat sich in meinem Schädel versammelt – die Wunde über dem linken Ohr. Dort stecken etwa zwei Dutzend solcher Splitter, denen man nach Meinung der Ärzte auch besser nicht zu Leibe rückt, solange sie keine Probleme bereiten. Wie die Splitter dorthin gelangen konnten, ist mir ein Rätsel – ich trug einen Helm, und der hatte seltsamerweise nichts abbekommen.

Manchmal ist das, was man nicht gleich sieht, am gefährlichsten. Das war in meinem Fall auch so. Während die Leute im Krankenhaus die äußeren Blessuren versorgten, Splitter aus der Hand zogen und Verbände anlegten, bekam ich wie aus dem Nichts Magenschmerzen,

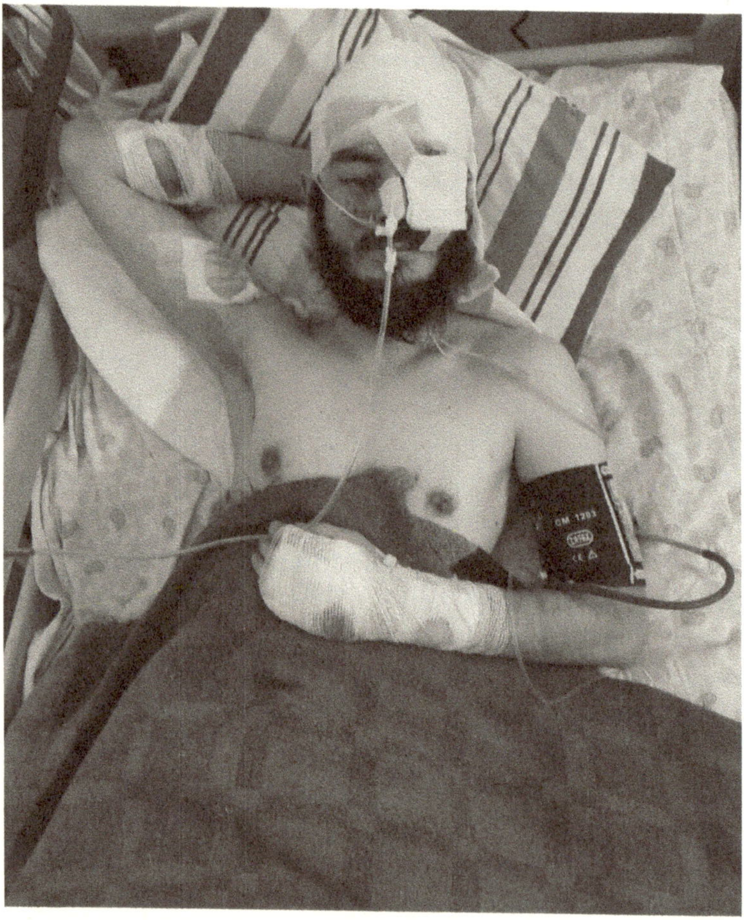

Überlebt.

die so heftig waren, wie ich es noch nie erlebt hatte. Sie überdeckten alle anderen Schmerzen. Ich krümmte mich auf der Krankentrage, als hätte mir jemand mit aller Wucht und schweren Stiefeln in den Bauch getreten. Wieder schoben sie mich zum MRT, das ging auch ganz fix. Und hinterher hatten es die Ärzte noch eiliger. Ich landete im OP und wurde aufgeschnitten, die Narbe ist dreißig Zentimeter lang. Der Übeltäter steckte im Darm. Oder die Übeltäter.

Anscheinend hatten sich ein oder mehrere winzige Granatsplitter bis dorthin durchgebohrt und eine innere Blutung verursacht. Beim ersten MRT war die noch nicht zu sehen gewesen.

Den nächsten Tag verschlief ich zur Hälfte. Es ging mir ziemlich dreckig. Ich war über jede Stunde froh, in der ich das nicht mitbekam. Ein paar Medikamente werden dabei sicher geholfen haben. Ich hing am Tropf, da werden sie schon was Feines reingetan haben, Morphium oder was man in solchen Fällen kriegt. Irgendwann am Nachmittag wurde ich wach, vielleicht auch geweckt, so genau erinnere ich das nicht. Auf jeden Fall stand plötzlich Shurik neben meinem Bett auf der Intensivstation. Zur Begrüßung machte er mir ein Kompliment, das er nur anders verpackte. Er meinte, ich würde so richtig sch…, also nicht gut aussehen.

Dann grinste er bis über beide Ohren und sagte: »Guck mal, ich hab dir jemanden mitgebracht.« Dabei drehte er sich halb zur Tür. Ich folgte seinem Blick, so gut das mit dem einen Auge ging.

Es war Liza.

Nach einigen Tagen wurde ich ins Militärkrankenhaus nach Odessa verlegt. Dort blieb ich bis zum Ende des Monats. Allmählich erholte ich mich von der Operation. Die Wunden am Kopf und an den Beinen sahen anfangs übel aus. Jeden Tag mussten die Verbände gewechselt werden, was eine Tortur war. Aber mit jedem Tag ging es mir auch ein bisschen besser. Mit dem Auge musste ich Geduld haben. Die Ärzte meinten, eine solche Verletzung brauche Zeit, aber die Sehkraft würde sich wieder verbessern.

Liza wich die ganze Zeit kaum von meiner Seite. Sie ist ein schüchternes Geschöpf, aber irgendwie kriegte sie es hin, dass die Leute vom Krankenhaus sie in dem freien Bett neben mir schlafen ließen. Sie kümmerte sich wie eine Krankenschwester um mich, wie die beste Krankenschwester. Am Anfang konnte ich nicht allein aufstehen. Ich brauchte sie für jeden Gang ins Bad und auf die Toilette. Wir hatten uns seit unserer ersten Begegnung in Kiew einige Male getroffen. Meistens war sie nach Mykolajiw gekommen. Wir waren schon recht vertraut, aber das war nun noch mal etwas anderes. Diese Nähe. Sich in der Verfassung jemand anderem offenbaren. Das machen alte Ehepaare. Mir war es unangenehm, dass sie mich so sah, so erlebte. Doch für sie schien das kein Problem zu sein. Auch ihre Mutter kam nach Odessa. Sie konnte remote arbeiten. Über Airbnb mietete sie eine Wohnung, das funktionierte selbst im Krieg. Sie brachte jeden Tag Essen ins Krankenhaus und sprach mit den Ärzten. Und sie kaufte Medikamente für mich. Wenn ich ihr das Geld dafür geben wollte, lehnte sie es ab. Die beiden hatten die ersten Kriegstage in Kiew erlebt. Ich war da, um für ihr Land zu kämpfen. Und das war ihre Art, sich zu bedanken. Diese Herzlichkeit, manchmal fehlten mir die Worte.

Am 20. Dezember reiste ich nach Deutschland zurück. Liza begleitete mich. Niemand weiß, was die Zukunft bringt. Wenn sich unsere Wünsche erfüllen, werden wir eines Tages in der Ukraine leben, die dann ein freies Land sein wird.

Abschied vom Krieg.

WAS AUS MEINEN KAMERADEN WURDE

Shurik blieb im Team von Arawan, führt dort inzwischen eine eigene Einheit mit Freiwilligen, die seitdem im Donbass kämpft.

Itamar reiste im Dezember in seine Heimat Israel, um dort zu überwintern. Doch schon nach wenigen Wochen kehrte er zurück, um wieder an der Seite von Shurik und Arawan zu kämpfen.

Zagg trat nach seiner Ausbildung als Drohnenpilot der SSO bei, einer Spezialeinheit der ukrainischen Streitkräfte. Inzwischen wurde er in das ukrainische Drohnenprogramm aufgenommen und lässt dort die ganz großen »Drachen« fliegen.

Cooper beendete seinen Kriegseinsatz, verlobte sich mit einer Ukrainerin und lebt mit ihr jetzt in der Nähe von Kiew.

Potemkin verließ die Ukraine, um sich in Deutschland ein Leben aufzubauen.